NUESTRO PLANETA

INFOGRAFÍAS PARA DESCUBRIR LA TIERRA

CRISTINA BANFI Y GIULIA DE AMICIS

algar

ÍNDICE

5
INTRODUCCIÓN

8
LA ESTRUCTURA
DE LA TIERRA

12
UNA CORTEZA
FINA

16
BOCAS
DE FUEGO

20
CUANDO LA
TIERRA TIEMBLA

22
UN ESCUDO
DE AIRE

26
CUESTIÓN
DE TIEMPO

32
UN MAR
DE AGUA

38
EN COTAS
ALTAS

42
DEL MANANTIAL
A LA DESEMBOCADURA

46
TIERRAS
CONGELADAS

50
LOS PULMONES
DE LA TIERRA

56
PÁRAMOS
DESOLADOS

60
COMO MARES
DE HIERBA

64
EL LADO OSCURO
DEL MUNDO

68
¿LA TIERRA
ESTÁ EN PELIGRO?

INTRODUCCIÓN

La Tierra es un planeta único y maravilloso, y es también el único que conocemos en el que hay vida. Por lo tanto, podemos considerar que la Tierra es nuestro hogar y que, aunque solo sea por eso, es importante conocer todos sus secretos.

La gran cantidad de información y curiosidades que contienen las páginas de este libro no dejará de sorprenderte y te permitirá dar respuesta a muchas preguntas. Por ejemplo, cómo nació la Tierra, qué hay en su interior, cómo se forma una montaña, por qué a veces tiembla el suelo, qué es una estalactita... En definitiva, qué hace que este planeta sea tan especial.

Quizás te sorprenda descubrir que su dura capa externa es en realidad muy fina, como la piel de una manzana con relación a esta. En lo más profundo, en cambio, la Tierra tiene un corazón de hierro, rodeado de roca caliente fundida que, cuando consigue salir a la superficie, da vida a los volcanes con espectaculares erupciones.

Te tranquilizará saber que la Tierra está rodeada por un escudo de aire que no solo nos protege de los cuerpos extraterrestres que vagan por el espacio, sino que nos regala cotidianamente días de viento, de lluvia o de buen tiempo.

Y, si te gustan los animales, podrás explorar los hábitats en los que viven y saber cómo se adaptan y se comportan, analizando datos y haciendo comparaciones.

Página a página, viajarás desde las profundidades marinas hasta las cumbres más elevadas del mundo, desde el hielo polar a las densas junglas ecuatoriales, pasando por ríos, bosques, desiertos y sabanas, para conocer sus características más curiosas.

Con una lectura atenta, descubrirás, en fin, que nuestro planeta es muy frágil y que necesita protección.

El hombre está explotando en exceso sus recursos y a menudo destruye los hábitats, con lo que pone en peligro a todos sus habitantes, incluidos los seres humanos. En vez de esto, lo que tendríamos que hacer es respetar nuestra casa y protegerla, porque debemos preservarla para los seres vivos que la poblarán en el futuro.

LA ESTRUCTURA DE LA TIERRA

La Tierra es uno más de los muchísimos planetas del universo. Forma parte del sistema solar junto con otros siete planetas y, según los datos que tenemos hasta la fecha, es el único con una atmósfera rica en oxígeno y agua líquida en la superficie, además de ser, que sepamos, el único planeta habitado.

Es el tercero más próximo al Sol e, igual que Mercurio, Venus y Marte, es un planeta rocoso, mientras que Júpiter, Saturno, Urano y Neptuno están compuestos mayoritariamente por gases.

Su radio, es decir, la distancia que hay entre la superficie y el centro, es de 6378,388 kilómetros, lo que convierte a la Tierra en el quinto planeta más grande de todo el sistema solar.

PLANETAS ROCOSOS: Sol, Mercurio, Venus, Tierra, Marte
PLANETAS GASEOSOS: Júpiter, Saturno, Urano, Neptuno

Los principales puntos de referencia son el polo norte, el polo sur y la línea imaginaria que está exactamente a medio camino entre ambos, llamada **ECUADOR**, que divide el planeta en hemisferio norte y hemisferio sur.

Polo norte — Ecuador — Polo sur

Aunque parezca redonda como una pelota, la Tierra no es una esfera perfecta. De hecho, está un poco achatada por los polos y es un poco más ancha en el ecuador.

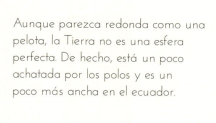

A causa de esta forma abombada, la fuerza de gravedad es menos fuerte en el ecuador, donde pesarías menos que si te quedaras de pie en uno de los polos.

La Tierra se mueve

TRANSLACIÓN

¡Incluso ahora que estás tranquilamente leyendo el libro, en realidad te mueves a 107 826 km/h! En efecto, esta es la velocidad a la que se desplaza la Tierra en el espacio. No se mueve de cualquier manera, sino que sigue un recorrido muy concreto, llamado ÓRBITA, alrededor del Sol, a una distancia aproximada de 150 millones de kilómetros.

La órbita no es perfectamente circular, sino que tiene forma elíptica, y el Sol no se encuentra exactamente en el centro: nuestro planeta pasa más cerca del astro a principios de enero y más lejos en julio.

El movimiento de translación y la inclinación del eje terrestre, que expone de forma diferente el hemisferio norte y el hemisferio sur a los rayos del Sol, son los responsables de los cambios de estación.

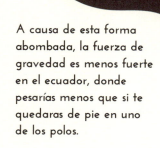

TRANSLACIÓN

Una vuelta completa alrededor del Sol dura 365,2564 días.

Para compensar la pequeña diferencia de más respecto a los acostumbrados 365 días, se añade un día a febrero en el calendario de los años bisiestos, cada cuatro años.

ROTACIÓN

Además de girar alrededor del Sol, la Tierra también gira alrededor de su eje.

Todo lo que está sobre la superficie terrestre también gira, pero a velocidades diferentes según en qué punto de la Tierra se encuentre. Si tú estuvieras en un punto cualquiera del ecuador, te moverías a una velocidad máxima de 1667 km/h, mientras que, si estuvieras de pie en el polo norte o el polo sur, estarías completamente inmóvil.

La rotación es la responsable de la alternancia del día y la noche.

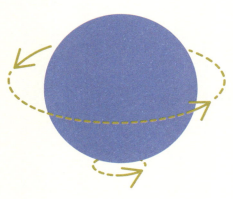

ROTACIÓN

Para dar una vuelta entera, la Tierra tarda 24 horas, o, más exactamente, 23 horas, 56 minutos y 4 segundos.

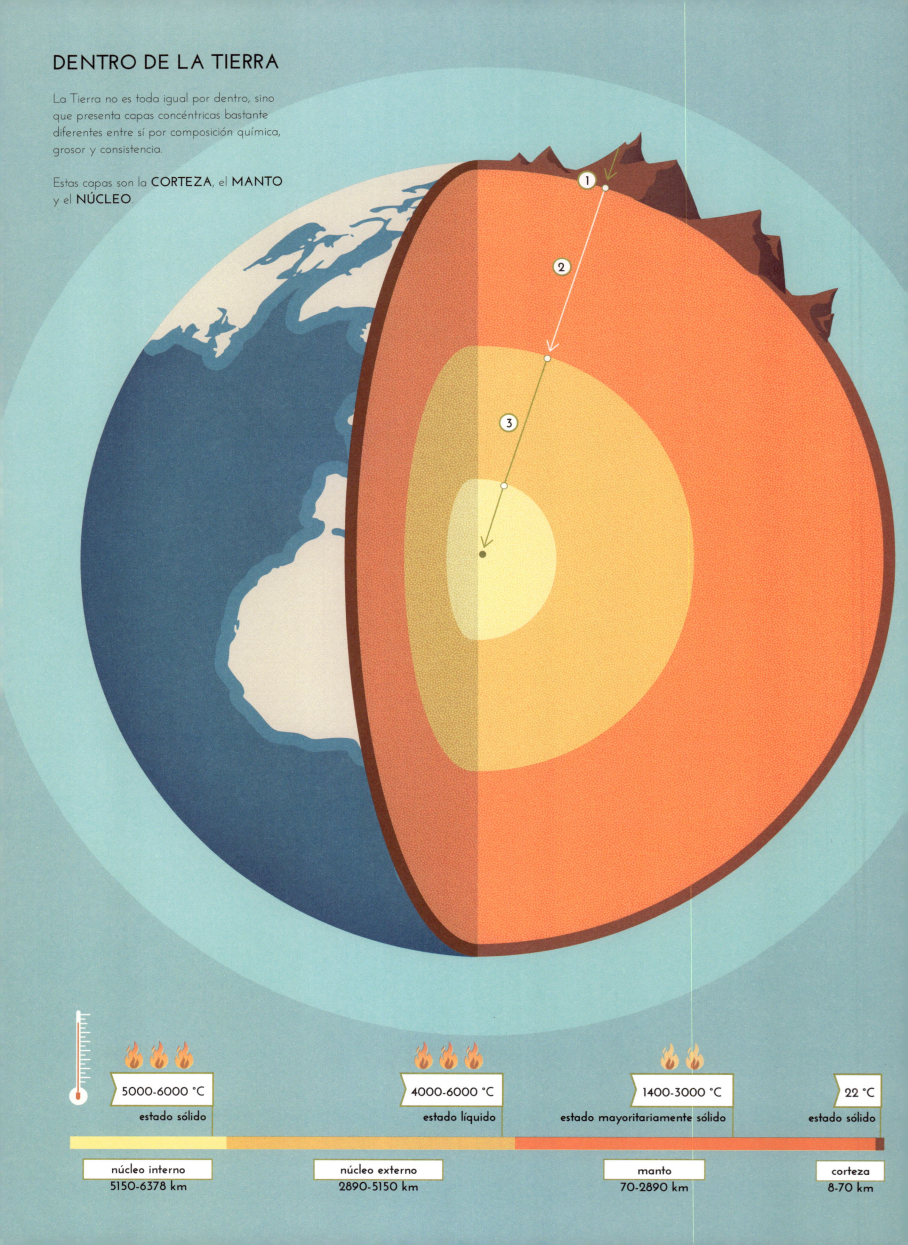

1. LA CORTEZA

Es la capa en la que vivimos y que conocemos mejor porque podemos estudiarla de cerca.
Respecto a las dimensiones del planeta, la corteza es muy fina: de hecho, en algunos puntos solo tiene 8 kilómetros de grosor, mientras que donde hay montañas llega a los 70 kilómetros, un valor que, de todos modos, es muy bajo en comparación con el radio terrestre.

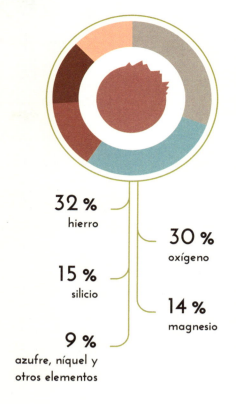

32 % hierro

30 % oxígeno

15 % silicio

14 % magnesio

9 % azufre, níquel y otros elementos

2. EL MANTO

La capa que hay debajo de la corteza es el manto. Con un grosor de unos 2970 kilómetros, representa aproximadamente el 84 % del volumen de la Tierra. Los elementos que lo constituyen están todos mezclados en las rocas que lo componen. Aunque es casi completamente sólido, el manto no es rígido, sino que fluye lentamente como un líquido, y por encima de él flota la corteza terrestre, como un trozo de madera sobre el agua.

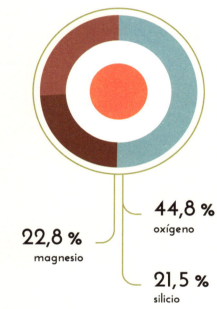

44,8 % oxígeno

22,8 % magnesio

21,5 % silicio

3. EL NÚCLEO

El núcleo terrestre es el corazón de la Tierra. Su radio supera por poco los 3500 kilómetros, algo más de la mitad de todo el radio terrestre.
Está formado por dos capas: la más externa es líquida, mientras que el núcleo interno, tan grande como la Luna y tan caliente como el Sol, es sólido a causa de la fortísima presión.

Aquí se concentran dos de los elementos más pesados: el hierro y el níquel, cuyas propiedades, asociadas a la rotación terrestre, son las responsables del campo magnético que protege la Tierra desviando las dañinas partículas cargadas de energía que arrastra el viento solar.

hierro + níquel

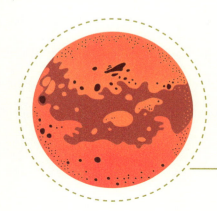

El núcleo terrestre tiene casi las mismas dimensiones que Marte.

UNA CORTEZA FINA

La capa externa de la Tierra es sólida y rígida. De hecho, está formada por rocas, compuestas a su vez de minerales.

Aproximadamente, el **99 %** de los minerales de la corteza terrestre están compuestos solo por ocho elementos, que son el oxígeno, el silicio, el aluminio, el hierro, el calcio, el sodio, el potasio y el magnesio.

MINERALES

Los minerales son sustancias que se encuentran en la naturaleza. Pueden estar formados por un solo elemento (como el oro, la plata o el cobre) o, lo que es más frecuente, por varios. Hay más de 4000 minerales en el planeta, ¡pero los más comunes son apenas 30!

LA ESCALA DE LOS MINERALES DE FRIEDRICH MOHS

Los minerales son muy diferentes entre sí por el color, el brillo, la densidad y la dureza; es decir, la capacidad de resistir el rayado.

Un mineralogista alemán, Friedrich Mohs, inventó una escala que ordenaba 10 minerales conocidos según su dureza, del más blando al más duro, basándose en la menor o mayor facilidad para rayar su superficie.

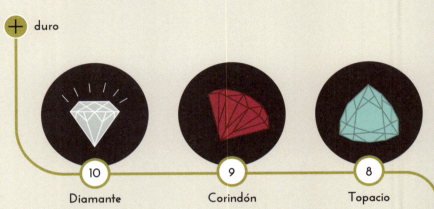

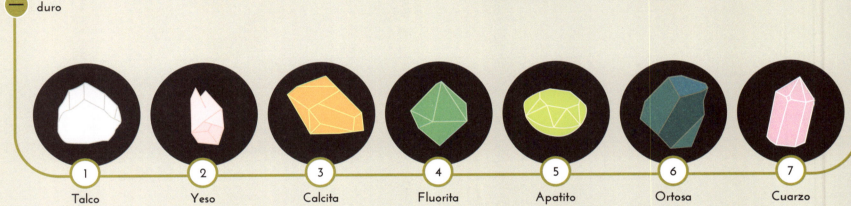

ROCAS

No todas las rocas tienen el mismo origen y por eso no son todas iguales. Hay tres tipos principales de rocas: **ÍGNEAS**, **SEDIMENTARIAS** y **METAMÓRFICAS**.

Rocas ígneas
Se forman a partir del magma o de la lava que se endurece al enfriarse. Las primeras, las que nacen del magma, se llaman «intrusivas» y cristalizan lentamente en el interior de la corteza terrestre.
Por su parte, las segundas, las que nacen de la lava, se llaman «extrusivas».
Las rocas ígneas representan el 95 % de la corteza terrestre.

Rocas sedimentarias
Son las más comunes. Se originan cuando el viento, el hielo y el agua rompen lentamente la roca, por la erosión, en pequeños fragmentos. Estos son transportados por los ríos, se depositan en capas en el fondo de los mares y los lagos, y forman sedimentos. Durante un período de tiempo larguísimo, incluso de millones de años, los sedimentos se compactan, se endurecen y forman la roca. Las rocas sedimentarias son las únicas que contienen fósiles.

Rocas metamórficas
Se originan dentro de la corteza terrestre, donde la presión y el calor son bastante fuertes para formarlas. Normalmente, son el resultado de la transformación de otras rocas preexistentes.
Entre las rocas metamórficas se encuentran el mármol –derivado de la piedra calcárea– la antracita, la esteatita (también llamada «piedra ollar») y el esquisto.

La corteza rígida y el manto superior forman la litosfera, que está partida en bloques enormes llamados **PLACAS TECTÓNICAS**. Estas placas flotan sobre la parte fluida del manto que hay debajo y se mueven muy lentamente, empujadas por movimientos circulares del magma.

En los puntos de contacto, las placas chocan, se disgregan o se deslizan una sobre otra, lo que hace que estas zonas sean muy inestables y se produzcan volcanes y terremotos.

VELOCIDAD DE MOVIMIENTO DE LAS PLACAS TECTÓNICAS

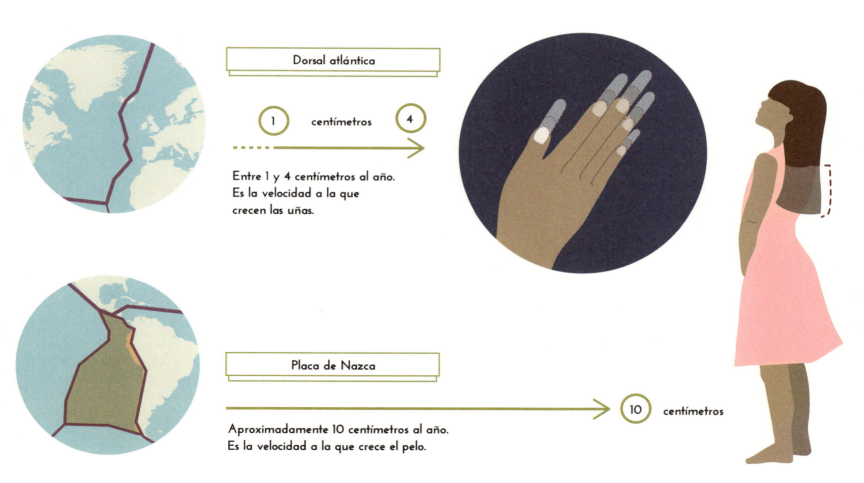

Dorsal atlántica

1 centímetros 4

Entre 1 y 4 centímetros al año. Es la velocidad a la que crecen las uñas.

Placa de Nazca

Aproximadamente 10 centímetros al año. Es la velocidad a la que crece el pelo.

10 centímetros

Estas son las ocho placas más grandes: la placa africana, la antártica, la eurasiática, la norteamericana, la sudamericana, la indoaustraliana, la de Nazca y la del Pacífico.

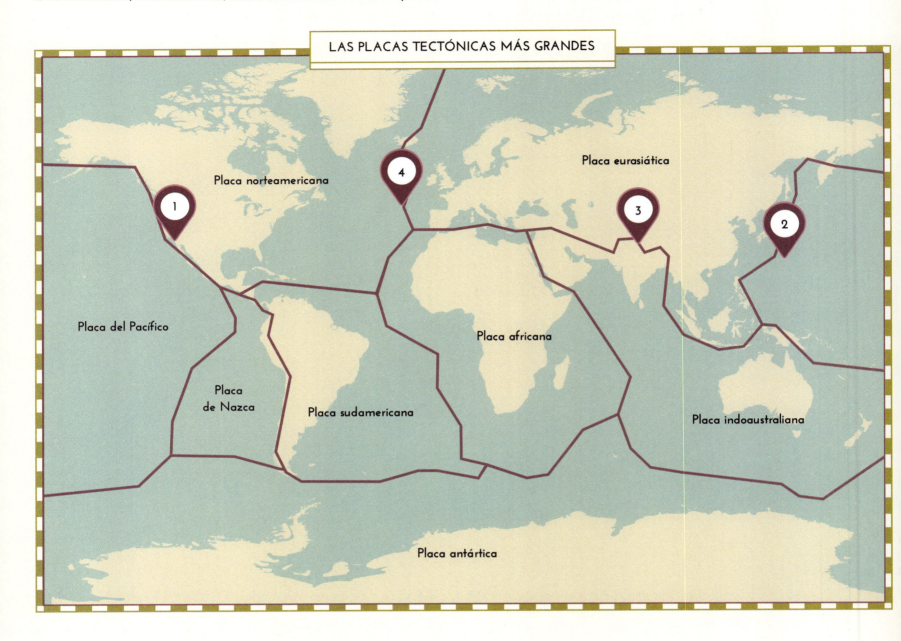

LAS PLACAS TECTÓNICAS MÁS GRANDES

Existen tres tipos de líneas de contacto entre placas:

Límites convergentes: se producen cuando dos placas se mueven una contra otra. Si una de las dos está compuesta por corteza oceánica y la otra por corteza continental, la primera, más ligera, se deslizará por debajo de la segunda en un proceso llamado **SUBDUCCIÓN**. Al llegar al manto, la corteza oceánica se fundirá y, por lo tanto, se destruirá, y una parte del magma subirá a la superficie y activará los volcanes.

Límites divergentes: en este caso las dos placas se alejan y forman una grieta en el límite. Del manto inferior sube el magma que, al enfriarse, forma una nueva corteza oceánica. Si los límites están en el fondo del océano, nacerá una cadena montañosa llamada **DORSAL OCEÁNICA**. En cambio, si la fractura se forma en un continente, se producirá un **RIFT CONTINENTAL**.

Límites transformantes: se encuentran donde dos placas se deslizan una junto a la otra en direcciones opuestas. Este roce provoca terremotos frecuentes. Estos límites se llaman **FALLAS**. Una de las más conocidas es la falla de San Andrés, en California.

① **Falla de San Andrés**

Límite transformante entre la placa norteamericana y la placa del Pacífico.

1200 km

② **Fosa de las Marianas**

Límite convergente entre la placa del Pacífico y la de las Marianas.

③ **Cordillera del Himalaya**

Límite convergente entre la placa india y la eurasiática.

④ **Dorsal Atlántica**

Límite divergente entre la placa sudamericana y la africana, y entre la placa norteamericana y la eurasiática.

Así pues, el movimiento de las placas es el que provoca que los continentes que se apoyan en ellas se muevan.
Los científicos han podido determinar que hace aproximadamente 270 millones de años había un único supercontinente, que han llamado **PANGEA** (que en griego antiguo significa 'toda la tierra').

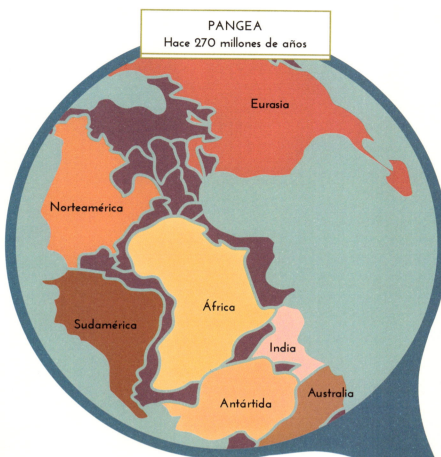

PANGEA
Hace 270 millones de años

Posteriormente, el movimiento de las placas dividió Pangea, primero en dos y después en más trozos, los continentes, que lentamente, a lo largo de decenas de millones de años, se han situado donde los vemos hoy. Obviamente, los continentes no han dejado de moverse y los científicos creen que en unos 250 millones de años se volverán a compactar.

BOCAS DE FUEGO

Cuando la Tierra libera energía, se manifiesta a través de dos fenómenos a menudo asociados: las erupciones volcánicas y los terremotos.

VOLCANES

Un volcán se origina cuando por una fractura de la corteza terrestre sale la roca líquida incandescente del manto inferior.

El magma y la lava son dos caras de la misma moneda: la roca fundida, de hecho, se llama **MAGMA** cuando está debajo de la corteza terrestre. Como es más ligero que las rocas que lo rodean, el magma tiende a salir a la superficie a través de grietas y fisuras. Cuando consigue salir a la superficie, recibe el nombre de **LAVA**.

Hay varios tipos de **LAVA**, que se diferencian por su composición química y también por la temperatura, aunque todos están increíblemente calientes.

El vertido de la lava se llama **ERUPCIÓN**. Durante una erupción, además de la lava, se liberan al aire, a menudo de manera explosiva, gases y otros materiales llamados «productos piroclásticos», como cenizas, lapilli y bombas volcánicas de diferentes tamaños:

Aunque es minúscula, la ceniza volcánica puede provocar más daños que otros productos volcánicos, ya que se puede mantener suspendida en el aire durante años y llegar hasta zonas muy alejadas del lugar de la erupción.

ERUPCIONES

Explosivas

600-1000 °C

- lava ácida
- viscosa
- fluye lentamente

Efusivas

1000-1250 °C

- lava básica
- fluida
- fluye rápidamente

En cada erupción sale lava y, a medida que se solidifica, aumenta la altura del volcán.

Algunos volcanes necesitan miles de años para formarse, mientras que otros crecen de un día para otro. Un ejemplo de esto último es el **VOLCÁN MEXICANO PARICUTÍN**, considerado el más joven del mundo.

Volcán Paricutín

Se originó en un campo de grano la mañana del 20 de febrero de 1943 y en poco más de un año ya medía más de 400 metros. El 4 de marzo de 1952, después de haber alcanzado en nueve años una altura de 2808 metros, detuvo su actividad.

TIPOS DE VOLCANES

No todos los volcanes son iguales, pero los podemos agrupar en estas cuatro tipologías:

VOLCANES EN ESCUDO

Tienen erupciones tranquilas, como flujos de lava de poca viscosidad que fluyen a lo largo de decenas de kilómetros: esto hace que sean muy anchos, con flancos muy poco inclinados. El nombre se explica porque, desde el cielo, parecen un escudo.
El volcán más alto de la Tierra, el **MAUNA KEA** de Hawái, con una altura de 4207 metros es, precisamente, un volcán en escudo. Surge del fondo del océano, así que, si lo medimos desde la base, su altura real es de 10 203 metros (mayor que el monte Everest).

ESTRATOVOLCANES

Alternan emisiones explosivas de lava y emisiones de productos piroclásticos (cenizas y roca). Su base es relativamente estrecha y las vertientes son bastante escarpadas.
Uno de estos volcanes, el Stromboli, en una isla próxima a la costa occidental del sur de Italia, es conocido como el «Faro del Mediterráneo» porque hace más de 2000 años que produce espectaculares explosiones incandescentes casi ininterrumpidamente.

En todo el mundo existen unos 1500 volcanes potencialmente activos.

Cada año se activan unos 50-70 volcanes.

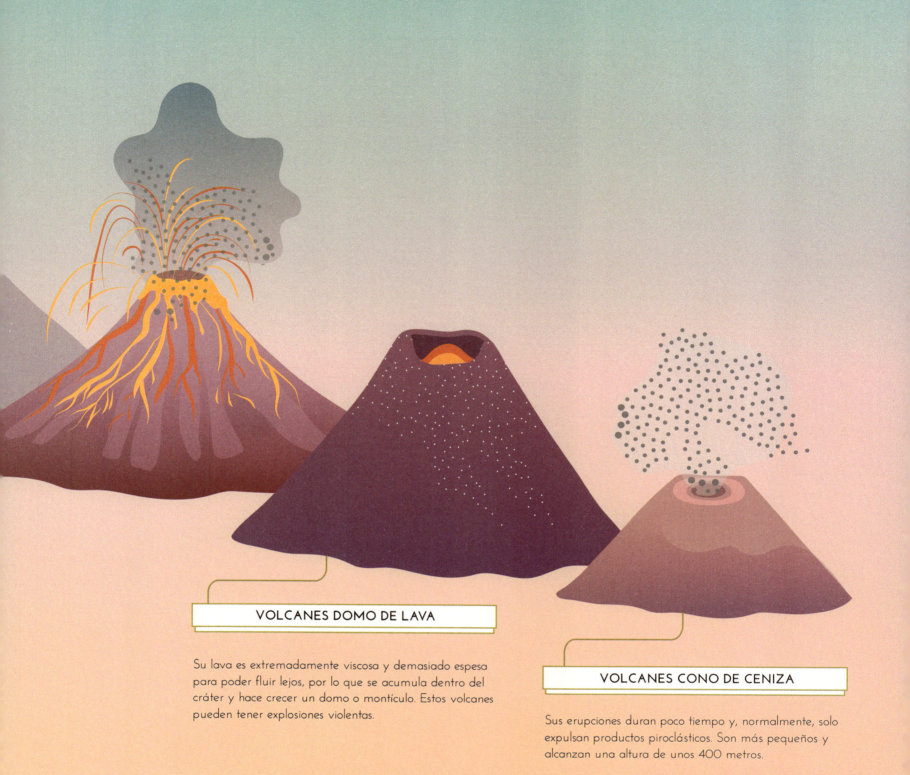

VOLCANES DOMO DE LAVA

Su lava es extremadamente viscosa y demasiado espesa para poder fluir lejos, por lo que se acumula dentro del cráter y hace crecer un domo o montículo. Estos volcanes pueden tener explosiones violentas.

VOLCANES CONO DE CENIZA

Sus erupciones duran poco tiempo y, normalmente, solo expulsan productos piroclásticos. Son más pequeños y alcanzan una altura de unos 400 metros.

Hay, por lo menos, 20 volcanes activos en todo momento.

CUANDO LA TIERRA TIEMBLA

Los terremotos son sacudidas violentas y repentinas de la superficie terrestre y se dan tanto en la tierra como bajo el mar. En general, se originan cuando dos bloques de la corteza se deslizan repentinamente uno debajo del otro o cuando se separan y se alejan entre sí.

¿QUÉ PROVOCA LOS TERREMOTOS?

A lo largo de los bordes de contacto, las placas que forman la corteza pueden deslizarse una sobre otra. Sin embargo, a menudo, el movimiento se bloquea a causa de la fricción y en ese punto se acumula una gran cantidad de energía, que crea una fuerte tensión. Cuando la energía se libera de forma repentina, se genera una sacudida, el **TERREMOTO**. Desde el hipocentro, el punto profundo en el que se libera la energía, esta irradia en todas direcciones en forma de **ONDAS SÍSMICAS CONCÉNTRICAS**, como las que se forman en un lago cuanto tiramos una piedra.

Las ondas sísmicas atraviesan la Tierra, que tiembla a su paso. Cuando las ondas llegan a la superficie terrestre, hacen que se mueva todo lo que se apoya sobre ella, como las casas y los puentes, pero también los ríos y los bosques. A medida que se alejan del hipocentro, las ondas pierden energía y desaparecen gradualmente.

Las ondas sísmicas son de dos tipos, llamados **P** y **S**, y conforme van recorriendo el terreno, lo sacuden de forma diferente. Las **ONDAS P** mueven el terreno hacia delante y hacia atrás, como un acordeón; mientras que las **ONDAS S** lo desplazan hacia arriba y hacia abajo, como las olas del mar.

P significa PRIMARIAS porque, como son más rápidas, siempre llegan antes que las S o SECUNDARIAS.

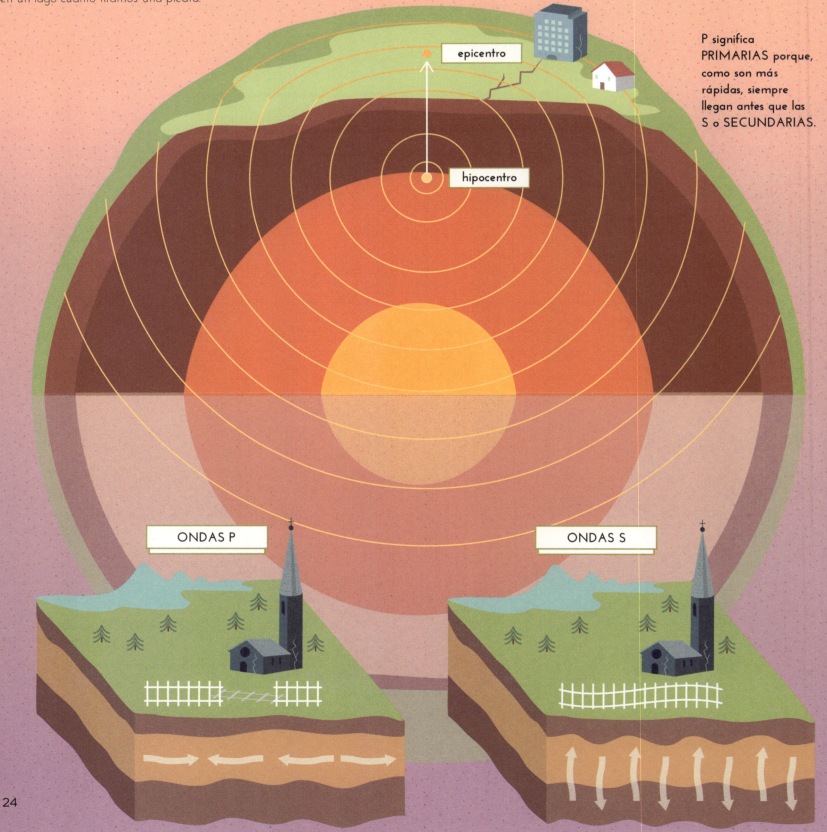

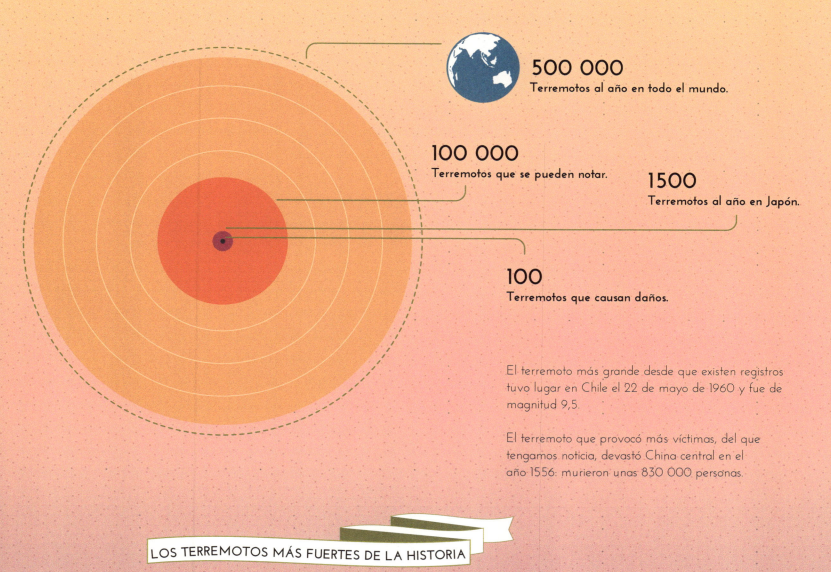

500 000
Terremotos al año en todo el mundo.

100 000
Terremotos que se pueden notar.

1500
Terremotos al año en Japón.

100
Terremotos que causan daños.

El terremoto más grande desde que existen registros tuvo lugar en Chile el 22 de mayo de 1960 y fue de magnitud 9,5.

El terremoto que provocó más víctimas, del que tengamos noticia, devastó China central en el año 1556: murieron unas 830 000 personas.

LOS TERREMOTOS MÁS FUERTES DE LA HISTORIA

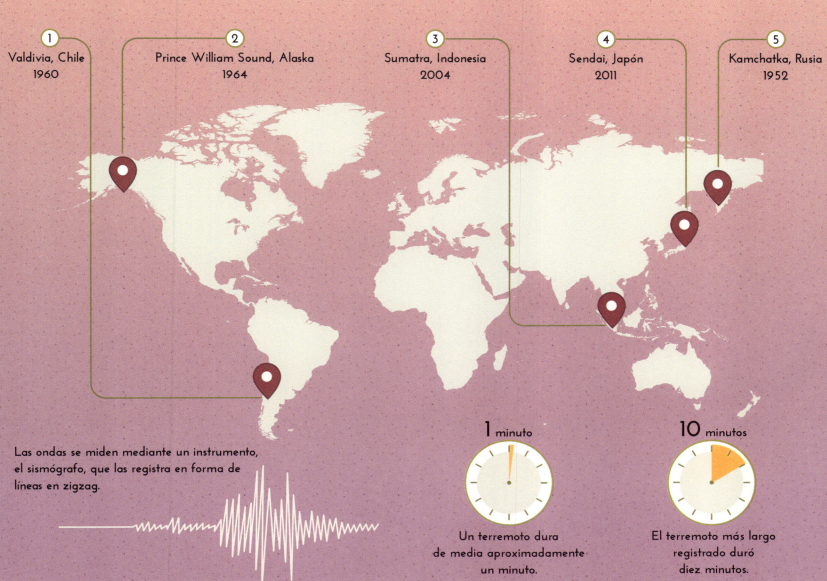

1. Valdivia, Chile 1960
2. Prince William Sound, Alaska 1964
3. Sumatra, Indonesia 2004
4. Sendai, Japón 2011
5. Kamchatka, Rusia 1952

Las ondas se miden mediante un instrumento, el sismógrafo, que las registra en forma de líneas en zigzag.

1 minuto
Un terremoto dura de media aproximadamente un minuto.

10 minutos
El terremoto más largo registrado duró diez minutos.

UN ESCUDO DE AIRE

Una capa muy fina de aire retenida por la fuerza de la gravedad envuelve la Tierra: la atmósfera.

78 % nitrógeno   21 % oxígeno   1 % otros

Su grosor lo determina un juego de equilibrios entre la fuerza de la gravedad y la tendencia de las moléculas de aire a huir hacia el espacio. La atmósfera es una mezcla compuesta por varios gases.

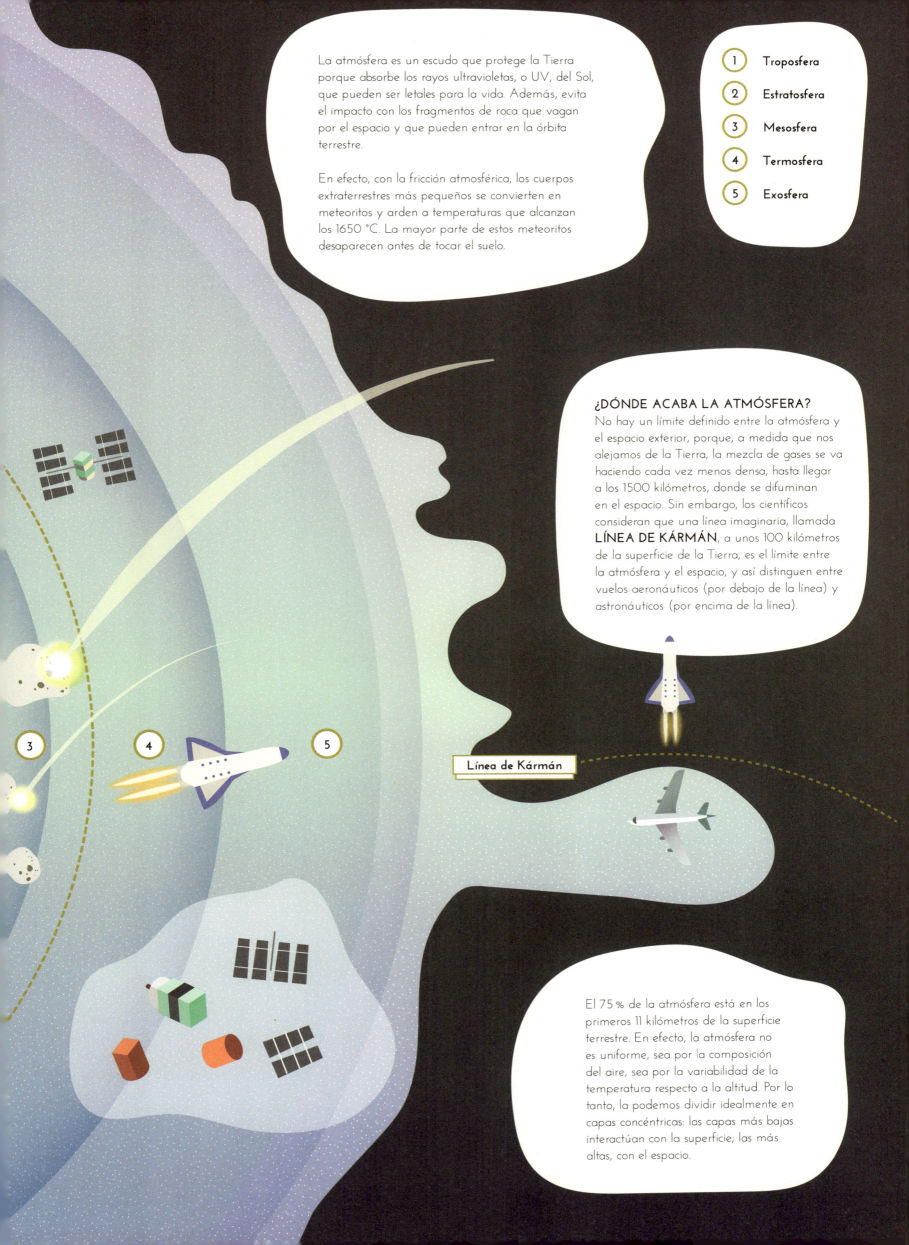

La atmósfera es un escudo que protege la Tierra porque absorbe los rayos ultravioletas, o UV, del Sol, que pueden ser letales para la vida. Además, evita el impacto con los fragmentos de roca que vagan por el espacio y que pueden entrar en la órbita terrestre.

En efecto, con la fricción atmosférica, los cuerpos extraterrestres más pequeños se convierten en meteoritos y arden a temperaturas que alcanzan los 1650 °C. La mayor parte de estos meteoritos desaparecen antes de tocar el suelo.

1. Troposfera
2. Estratosfera
3. Mesosfera
4. Termosfera
5. Exosfera

¿DÓNDE ACABA LA ATMÓSFERA?
No hay un límite definido entre la atmósfera y el espacio exterior, porque, a medida que nos alejamos de la Tierra, la mezcla de gases se va haciendo cada vez menos densa, hasta llegar a los 1500 kilómetros, donde se difuminan en el espacio. Sin embargo, los científicos consideran que una línea imaginaria, llamada **LÍNEA DE KÁRMÁN**, a unos 100 kilómetros de la superficie de la Tierra, es el límite entre la atmósfera y el espacio, y así distinguen entre vuelos aeronáuticos (por debajo de la línea) y astronáuticos (por encima de la línea).

Línea de Kármán

El 75 % de la atmósfera está en los primeros 11 kilómetros de la superficie terrestre. En efecto, la atmósfera no es uniforme, sea por la composición del aire, sea por la variabilidad de la temperatura respecto a la altitud. Por lo tanto, la podemos dividir idealmente en capas concéntricas: las capas más bajas interactúan con la superficie; las más altas, con el espacio.

LAS CAPAS DE LA ATMÓSFERA

Las capas de la atmósfera son cinco y las líneas de separación se llaman PAUSA.

1. TROPOSFERA

Contiene la mitad de la atmósfera. Empieza sobre el nivel del mar y termina a 18-20 kilómetros de altitud. Es la capa que más influye en nuestra vida: en ella está todo el vapor de agua, se forman las nubes y se producen los fenómenos meteorológicos. Cuanto más se sube, más frío es el aire.

2. ESTRATOSFERA

Empieza por encima de la troposfera y termina a unos 50 kilómetros del suelo. Hay poco vapor de agua y el aire es muy seco. La estratosfera es muy estable porque el aire es más ligero que a nivel del mar. Aquí es donde vuelan los aviones a reacción y los globos meteorológicos.
En la parte superior abunda el ozono, una molécula compuesta por tres átomos de oxígeno, que crea una capa más o menos continua llamada **OZONOSFERA**. Esta capa calienta la atmósfera, porque cuando las moléculas de ozono absorben las radiaciones nocivas del sol se produce calor.

En 2012 un paracaidista llamado Felix Baumgartner saltó desde un globo a más de 36 kilómetros de altura, en plena estratosfera.

3. MESOSFERA

Se extiende hasta 85 kilómetros de la superficie, pero su grosor varía mucho según la latitud y la estación. La temperatura disminuye con la altura, y vientos muy fuertes hacen que el aire sea inestable.
El límite superior está considerado la zona más fría de toda la atmósfera, con temperaturas de alrededor de los -140 °C. Aquí la mayor parte de los cuerpos extraterrestres que caen sobre la Tierra se incendian y dejan tras ellos un rastro de luz; es lo que conocemos como **ESTRELLAS FUGACES**.

4. TERMOSFERA

Tiene sus límites entre los 500 y los 1000 kilómetros por encima del suelo. La temperatura está influida por el Sol y se eleva hasta alcanzar los 1500 °C. La densidad del aire es bajísima.
Es una capa muy importante en las comunicaciones, porque facilita la reflexión de las ondas de radio procedentes de la Tierra hacia la superficie.
Aquí orbitan la Estación Espacial Internacional y la mayor parte de los satélites artificiales. En la termosfera se halla la ionosfera, donde la presencia de partículas electrizadas origina las **AURORAS BOREALES**.

5. EXOSFERA

Es la capa más externa y la menos conocida. Es una capa extremadamente fina porque se difumina en la **FRANJA ATMOSFÉRICA** y se diluye en el espacio cósmico. Está compuesta por partículas ampliamente dispersas de hidrógeno y helio.

LOS COLORES DEL CIELO

La atmósfera también es la responsable del color del cielo, que en los días claros nos parece **AZUL**. El color se debe al efecto de la difusión de la luz solar que provocan las partículas de gas del aire. La luz solar viaja por medio de las ondas y es blanca porque contiene las ondas de todos los colores del arcoíris. Cuando entra en la atmósfera, choca con minúsculas partículas que hacen que las ondas de luz se separen y se propaguen en todas las direcciones.
Las ondas más cortas, como las de la luz azul, se dispersan con más facilidad, de manera que vemos el cielo de este color, mientras que las ondas más largas, como las del rojo y el amarillo, sobrepasan las partículas del aire y continúan su recorrido.

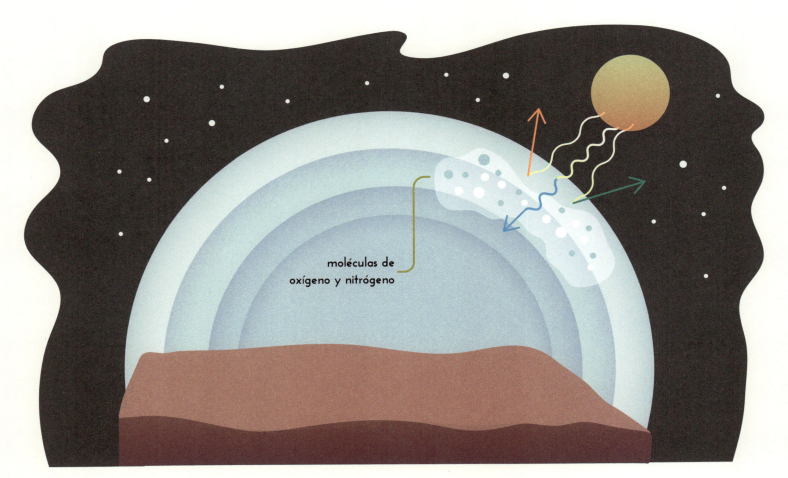

moléculas de oxígeno y nitrógeno

CUESTIÓN DE TIEMPO

Nuestra vida está condicionada cada día por el tiempo meteorológico. Esperamos la lluvia en los días de sequía o una nevada para ir a esquiar. En cambio, si tenemos programada una excursión, nos gustaría un día con el cielo despejado.

Los **FENÓMENOS METEOROLÓGICOS** son fundamentales para la vida en nuestro planeta y se producen prácticamente todos en la troposfera, la capa de aire en continuo movimiento más cercana a la superficie terrestre. No hay que confundir el tiempo meteorológico con el clima.

El **TIEMPO** puede definirse como el estado del aire en un sitio concreto y en un momento determinado. Puede cambiar rápidamente incluso durante el mismo día. Entre los factores que se consideran para describir el tiempo, se incluyen las precipitaciones, la temperatura, las condiciones del viento y la presión del aire. Cuando uno de estos factores se modifica, también cambia el tiempo.

El **CLIMA** hace referencia al tiempo meteorológico registrado con regularidad durante un largo período de tiempo (normalmente 30 años o más). Así pues, el clima se determina mediante la observación de los datos meteorológicos durante muchos años. El clima también puede cambiar, pero mucho más lentamente que el tiempo.

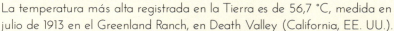

METEOROLOGÍA

El estudio del tiempo se basa en la combinación de

- temperatura
- humedad
- presión

LA TEMPERATURA

La temperatura indica cuándo el aire está caliente o frío, y cambia esencialmente en función de la latitud, la altitud, las estaciones, la exposición al sol y la geografía de un sitio.
La temperatura más alta registrada en la Tierra es de 56,7 °C, medida en julio de 1913 en el Greenland Ranch, en Death Valley (California, EE. UU.). La temperatura más fría fue de -89 °C en la Antártida en 1983.

LA HUMEDAD
La humedad es la presencia de agua en el aire. Sin ella no habría nubes ni, en consecuencia, precipitaciones. El aire caliente retiene más humedad que el frío.

EL CICLO DEL AGUA
El agua circula en la atmósfera en un movimiento continuo. Se evapora del mar y de los océanos y transpira por las hojas de los árboles en forma de vapor. Cuando el vapor se enfría, se condensa y forma gotas microscópicas que, combinadas con polvo atmosférico, se concentran alrededor de núcleos de condensación y originan las **NUBES**.

LAS NUBES

Las nubes se pueden producir de varias maneras: por ejemplo, cuando una masa de aire caliente y húmedo se encuentra con una de aire frío, o bien cuando choca con una montaña alta, que la empujará hacia arriba, donde se enfriará, de forma que el vapor de agua se condensará en gotitas líquidas y formará las nubes.

Las nubes no son todas iguales, y no todas dan lugar a precipitaciones. No obstante, aunque hay una gran variedad de formas que se distribuyen a diferentes altitudes respecto al suelo, podemos reconocer tres tipos principales: **CÚMULOS**, **CIRROS** y **ESTRATOS**.

CÚMULOS

Son las nubes grandes blancas e hinchadas que parecen copos de algodón. Si se transforman en cumulonimbos o altocúmulos, traen fuertes lluvias y temporales.

ESTRATOS

Son nubes bajas, planas y anchas que tienden a tapar todo el cielo; son los causantes de los días nublados y pueden provocar una lluvia ligera llamada «llovizna».

CIRROS

Son nubes altas y ligeras, hechas de cristales de hielo. Por lo general, son señal de buen tiempo. Se mueven a grandes velocidades, de hasta 160 km/h.

Las demás nubes derivan de una mezcla de estos tres tipos.

Cirros

Cirrocúmulos

Cirrostratos

Altoestratos

Altocúmulos

Cumulonimbos

Nimbostratos

Estratos

Cúmulos

Estratocúmulos

Las estelas de condensación de los aviones se pueden considerar nubes: se forman a partir de las moléculas de vapor de agua que salen de los motores y que en contacto con el aire se convierten en cristales de hielo.

La **NIEBLA** es como una nube que se forma sobre la superficie de la Tierra. Puede dificultar la visibilidad y hacer que sea peligroso conducir un vehículo.

LAS PRECIPITACIONES

Se llama «precipitaciones» al agua que cae de las nubes en estado líquido (LLUVIA) o sólido (NIEVE, AGUANIEVE o GRANIZO).

LLUVIA

Las gotas de lluvia pueden ser de dimensiones muy variadas. El tamaño y la resistencia al aire determinan también su forma, que, sin embargo, nunca es de gota, como se suele creer.

La mayor cantidad de lluvia registrada en una semana fue de 5 metros cúbicos. Fue en la isla de Reunión en 2007.

5 metros

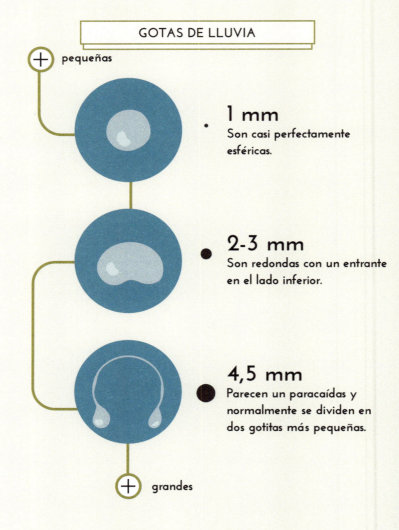

GOTAS DE LLUVIA

pequeñas

1 mm — Son casi perfectamente esféricas.

2-3 mm — Son redondas con un entrante en el lado inferior.

4,5 mm — Parecen un paracaídas y normalmente se dividen en dos gotitas más pequeñas.

grandes

NIEVE

Cuando las temperaturas descienden a menos de 0 °C, las gotas de lluvia se congelan y se forman suaves copos de nieve, que se presentan en una variedad de tamaños y formas que parece infinita.

Algunas son sencillas, semejantes a agujas o de forma hexagonal, mientras que otras presentan motivos y dibujos muy intrincados, que las hacen espectaculares, sobre todo si se observan con un microscopio.

Pueden estar formadas por 200 cristales de hielo: su aspecto es el resultado de la exposición a diferentes condiciones atmosféricas y, por eso, prácticamente cada copo de nieve es único.

La nevada más abundante desde que se tienen registros se produjo en Mount Rainier, en el estado de Washington, EE. UU.: entre el 19 de febrero de 1971 y el 18 de febrero de 1972 se acumularon 31,1 metros de nieve.

31,1 metros

El copo de nieve más grande registrado medía 38 centímetros de ancho.

A diferencia de la nieve, la aguanieve está formada por pequeñas esferas de lluvia que se congelan mientras caen.

GRANIZO

Los temporales violentos pueden traer granizo. Las gotitas de agua del interior de la nube se ven empujadas hacia la parte más alta, donde la temperatura alcanza los –20 °C, y allí se convierten en piedras de hielo. Después, se mueven repetidamente arriba y abajo y se hacen cada vez más grandes, porque con cada desplazamiento se añade una capa de agua congelada. Cuando las piedras pesan tanto que ya no se pueden sostener, cae el granizo.

La mayor piedra de granizo registrada en el mundo pesaba casi 2 kilos, el peso de una garduña. Cayó en Kazajistán, en Asia.

LOS RAYOS

A menudo, durante las tormentas, se forman rayos. El **RAYO** es una corriente eléctrica. Dentro de la nube de tormenta, muchos pedacitos de hielo, movidos por el aire, chocan entre sí, y a partir de estas colisiones se genera una carga eléctrica. Al poco rato, la nube está llena de cargas eléctricas.

Las cargas negativas se sitúan en la parte inferior de la nube. Esto hace que en el terreno de abajo se acumulen cargas opuestas, es decir, positivas, que se concentran sobre todo encima de objetos que se levantan sobre el terreno (campanarios, árboles, personas). ¡La carga que se eleva desde estos puntos conecta con la carga que desciende de las nubes y se forma el rayo!

Los **RELÁMPAGOS** son la expresión luminosa de los rayos.

El **TRUENO**, por su parte, es uno de los ruidos más fuertes que existen en la naturaleza y se produce como respuesta al rápido calentamiento del aire cuando es atravesado por la descarga eléctrica del rayo.

¡Vemos los relámpagos antes de oír los truenos porque la luz viaja más deprisa que el sonido!

Cada día caen 1000 rayos sobre la Tierra y se producen millones de tormentas de relámpagos cada año. Sus descargas eléctricas alcanzan temperaturas cercanas a la del Sol (30 000 °C) y velocidades de 60 000 metros por segundo.

1000 rayos al día

PRESIÓN ATMOSFÉRICA Y VIENTO

La columna de aire que tenemos sobre nuestra cabeza tiene un peso que se llama **PRESIÓN ATMOSFÉRICA**. Donde hay más aire, la presión es mayor; donde la capa es más fina, hay una presión atmosférica más baja. Como el aire siempre está en movimiento, la presión atmosférica cambia continuamente.

La diferencia de presión entre dos regiones da lugar al **VIENTO**, que no es otra cosa que un desplazamiento de aire del lugar donde la presión atmosférica es elevada hacia donde es inferior.

FENÓMENOS EXTREMOS

Los fenómenos meteorológicos conocidos como **CICLONES**, que se producen con frecuencia en las regiones tropicales de la Tierra, se caracterizan por vientos fortísimos. Son movimientos rotatorios de grandes masas de aire que pueden tener diámetros de centenares de kilómetros.

Los **TORNADOS** son trombas de aire con la clásica forma de embudo. Pueden alcanzar velocidades increíbles de hasta 500 km/h. Por suerte, apenas duran 5-20 minutos.

UN MAR DE AGUA

Casi el 70 % de nuestro planeta está cubierto de agua.
De esta, solo el 3 % es dulce, mientras que el otro 97 % es salada.

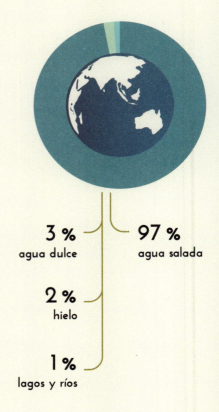

El agua dulce está almacenada principalmente en estado sólido en los **CASQUETES POLARES** y en los **GLACIARES**, mientras que una mínima parte se encuentra en los **LAGOS** y los **RÍOS**.

Por su parte, el agua salada constituye los **MARES** y los **OCÉANOS**. Puede parecer extraño; pero, aunque los seres humanos conocemos desde siempre este medio, no hemos explorado ni un 10 % del total; es decir: el 90 % de los mares del planeta nunca han sido estudiados.

3 % agua dulce
97 % agua salada
2 % hielo
1 % lagos y ríos

La presencia de sal en el mar se debe sobre todo a la lluvia, que arrastra desde la tierra hasta el agua los iones minerales que ha disuelto de las rocas.
Así es como los minerales se han ido acumulando en concentraciones cada vez más grandes durante millones de años.

Los volcanes submarinos y las fuentes hidrotermales del fondo marino también pueden liberar sales al océano.

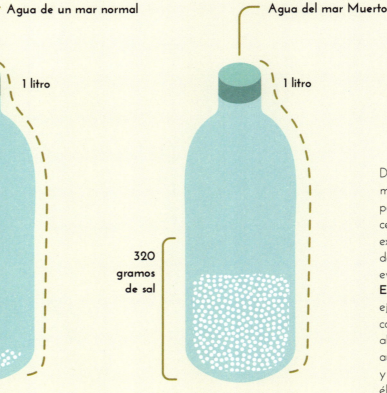

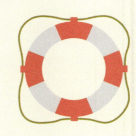

De media, un litro de agua de mar contiene 35 gramos de sal, pero hay variaciones. Un mar cerrado puede convertirse en extrasalado (recibe el nombre de «hipersalino») gracias a la evaporación.
El MAR MUERTO es un ejemplo: un litro de su agua contiene 320 gramos de sal. El alto contenido en sal hace que aumente la densidad del agua, y por eso una persona flota en él con más facilidad que en otros mares.

LOS OCÉANOS

Todas las aguas marinas confluyen unas con otras, sin ningún tipo de separación natural. Por convención, las extensiones más grandes de agua salada se llaman OCÉANOS.

1. Océano Pacífico

El océano Pacífico es el más grande con diferencia. De hecho, cubre un área de casi 55 millones de kilómetros cuadrados y contiene más de la mitad del agua en estado líquido que hay en el planeta. Es tan grande que podría contener todos los continentes. El nombre «Pacífico» se lo puso el explorador Magallanes, quien tuvo en sus aguas una navegación tranquila. En realidad, este océano se ve a menudo afectado por tifones y en su cuenca hay una gran cantidad de volcanes activos; además, son frecuentes los terremotos.

2. Océano Atlántico

El océano Atlántico, cuyo nombre deriva del personaje mitológico Atlas, ocupa el segundo lugar: es aproximadamente la mitad de grande que el océano Pacífico y cubre el 20 % de la superficie terrestre. Separa América de Europa y África. Sus aguas esconden la cordillera más larga de la Tierra, que se extiende a lo largo de aproximadamente 10 000 kilómetros desde Islandia hasta la Antártida: la dorsal oceánica.

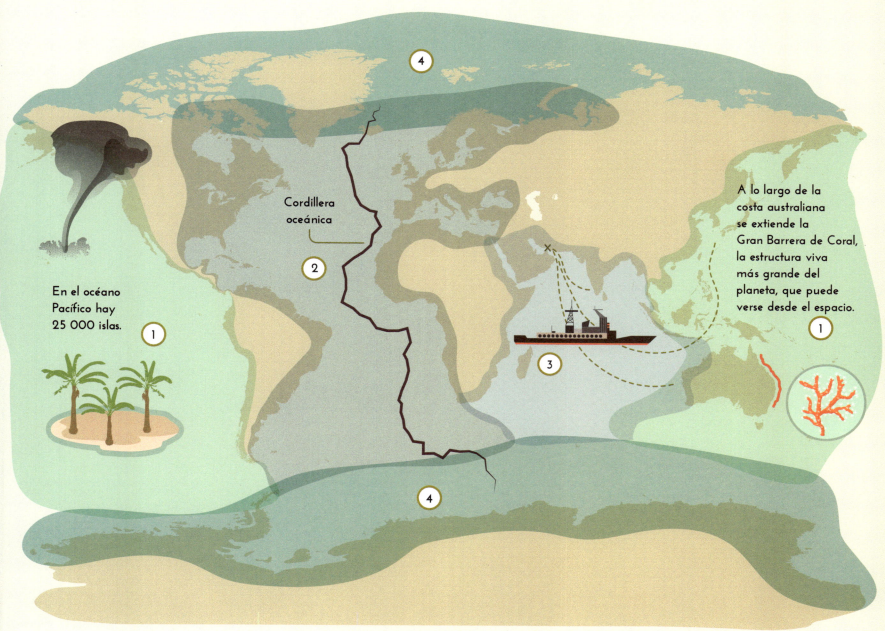

En el océano Pacífico hay 25 000 islas.

Cordillera oceánica

A lo largo de la costa australiana se extiende la Gran Barrera de Coral, la estructura viva más grande del planeta, que puede verse desde el espacio.

3. Océano Índico

El océano Índico cubre aproximadamente el 14 % de la superficie terrestre y ocupa el área que hay entre África y Asia meridional. Representa una de las vías de transporte más importantes para el petróleo, ya que conecta los países ricos de Oriente Medio, de los que se extrae el petróleo, con Asia. Los petroleros procedentes del golfo Pérsico transportan una carga de 17 millones de barriles de petróleo al día.

4. Océano Ártico y océano Antártico

El océano Ártico y el océano Antártico están en los polos. El primero cubre el Polo Norte y durante el invierno está prácticamente cubierto de hielo marino, mientras que el segundo, que rodea la Antártida, para muchos científicos ni siquiera está considerado un océano, sino tan solo la parte más meridional de los océanos más grandes.

LOS FONDOS MARINOS

El fondo de los mares no es llano, como se podría pensar, sino que presenta una extraordinaria variedad de paisajes, con montañas, valles y desfiladeros, muy semejantes a los que estamos acostumbrados a ver en la superficie.

A partir de la costa, el fondo del mar desciende, primero suavemente a lo largo de la plataforma continental, y después escarpado a lo largo de la vertiente formando un talud. Ahí es donde está el límite del continente.

A los pies del talud, a unos 4000-6000 metros de profundidad, hay una zona llana que constituye el 40 % del fondo. Es la llanura abisal, que puede estar interrumpida por cordilleras, edificios volcánicos, fosas...

Plataforma continental

Talud continental

LOS MOVIMIENTOS DEL MAR
El agua de los mares y de los océanos no se detiene nunca, sino que se ve afectada por varios tipos de movimientos. Estos son los más comunes:

OLAS
El movimiento más típico del mar son las **OLAS**. Hay muchos tipos de olas, pero las que generalmente se observan en una playa nacen por la acción del viento, que sopla sobre la superficie del agua y la encrespa por fricción. Si el viento sopla más fuerte, las olas se hacen cada vez más grandes. Si observamos una ola, parece que el agua corra hacia delante. En realidad, lo que se desplaza es la energía.

MAREAS
El nivel de los mares cambia durante el día a causa del fenómeno llamado **MAREA**, del que la Luna es la principal responsable. Mientras nuestro satélite orbita alrededor de la Tierra, su gravedad atrae como un imán el agua del océano hacia ella. Así pues, en el lado de la Tierra más cercano a la Luna, el mar se hace más profundo, a veces incluso más de 10 metros, mientras que en los dos lados perpendiculares a la Luna el nivel del agua es mucho más bajo.

CORRIENTES
En el mar, el agua nunca se queda en el mismo sitio, sino que se mueve y discurre con flujos continuos, formando las **CORRIENTES**. En la superficie, las corrientes se alimentan del viento y de las mareas; cuando el viento cambia de dirección, también puede cambiar el flujo del agua. En cambio, las corrientes de las profundidades se forman como consecuencia de cambios de temperatura, densidad y salinidad del agua.

ANIMALES Y PLANTAS

Los mares constituyen un hábitat variado en el que flora y fauna han desarrollado adaptaciones muy diversas. Se estima que pueden existir alrededor de 250 000 especies que viven en este inmenso hábitat, pero, según numerosos científicos, ¡son muchas más! Seguramente, en las aguas todavía inexploradas existen formas de vida marinas que aún no han sido descubiertas: hay quien ha calculado que deben de ser más de 25 millones.

La vida en las aguas oceánicas depende principalmente de dos factores: la luz y la presión.

La luz puede penetrar solo unos pocos centenares de metros agua adentro. Por lo tanto, a mayor profundidad, mayor oscuridad. Según la cantidad de luz que llegue, el océano se divide en tres zonas.

- 0-200 metros > zona fótica: tiene mucha luz y en ella pueden crecer algas y plantas.
- 200-1000 metros > zona disfótica: aquí la luz disminuye rápidamente con la profundidad. No puede haber organismos fotosintéticos.
- Más de 1000 metros > zona afótica: representa casi el 90 % del volumen de los mares. Hay oscuridad completa. Muchos animales presentes en esta zona tienen órganos luminosos.

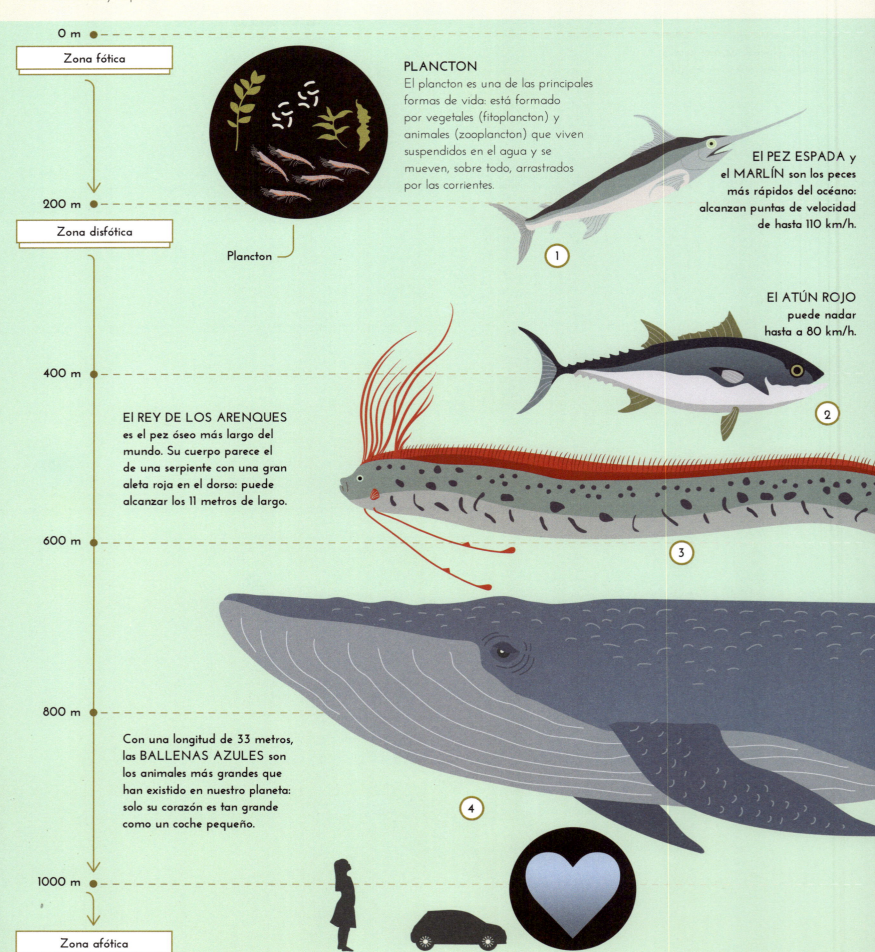

0 m — Zona fótica

200 m — Zona disfótica

PLANCTON
El plancton es una de las principales formas de vida: está formado por vegetales (fitoplancton) y animales (zooplancton) que viven suspendidos en el agua y se mueven, sobre todo, arrastrados por las corrientes.

Plancton

El PEZ ESPADA y el MARLÍN son los peces más rápidos del océano: alcanzan puntas de velocidad de hasta 110 km/h.

El ATÚN ROJO puede nadar hasta a 80 km/h.

400 m

El REY DE LOS ARENQUES es el pez óseo más largo del mundo. Su cuerpo parece el de una serpiente con una gran aleta roja en el dorso: puede alcanzar los 11 metros de largo.

600 m

800 m

Con una longitud de 33 metros, las BALLENAS AZULES son los animales más grandes que han existido en nuestro planeta: solo su corazón es tan grande como un coche pequeño.

1000 m — Zona afótica

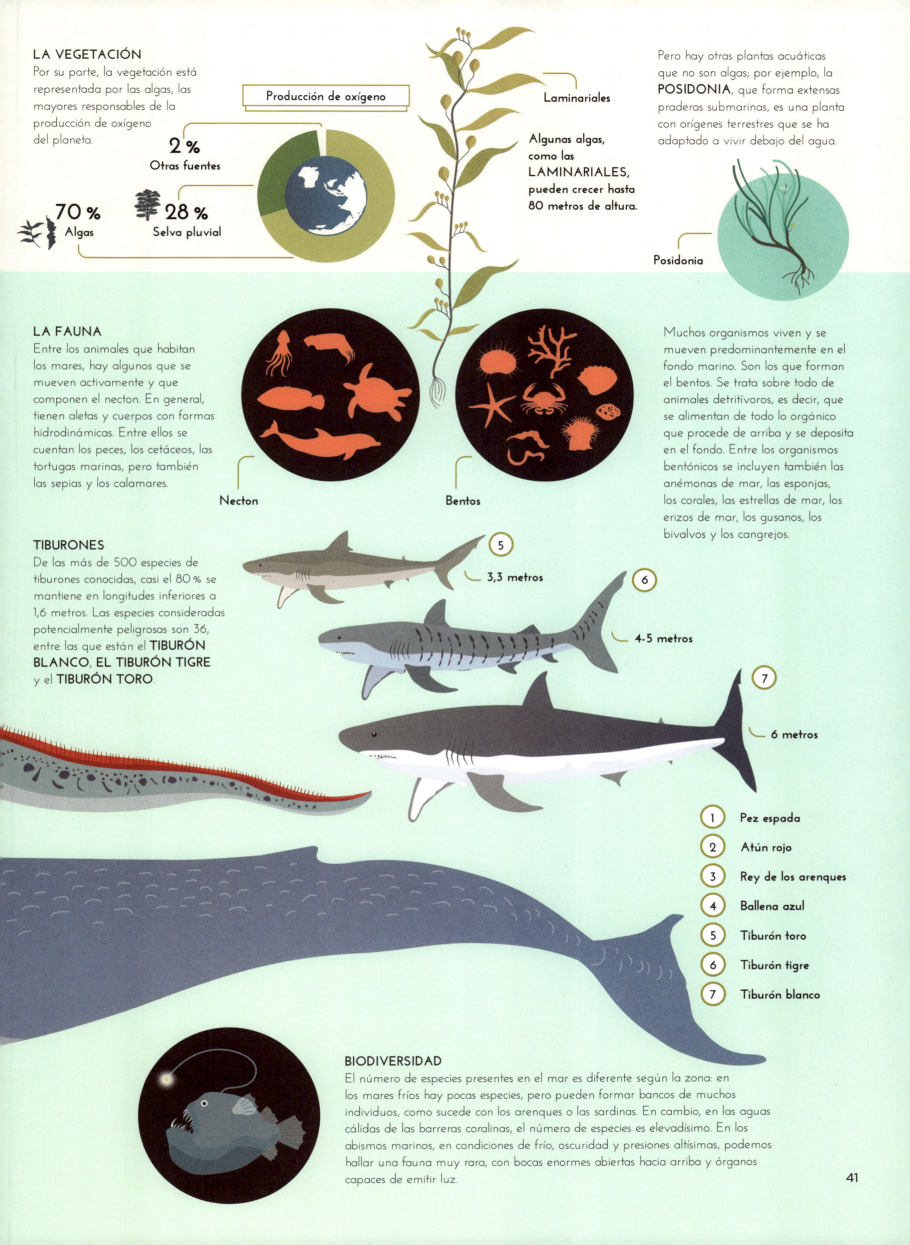

EN COTAS ALTAS

Una quinta parte del paisaje del mundo está ocupada por montañas, aunque muchas no las podemos ver porque están debajo del agua, en el fondo de los mares y de los océanos.

Una montaña es cualquier relieve natural superior a los 600 metros a partir del nivel del mar. En general, tiene una base llamada **PIE** y **VERTIENTES** o **LADERAS** más o menos empinadas. Su punto más elevado se llama **CUMBRE** o **CIMA**. En la cumbre puede haber un **GLACIAR**, donde, a causa de las temperaturas muy bajas, la nieve es perenne.

Las montañas altas que están en un grupo aislado forman un **MACIZO**.

De todos modos, lo más normal es que estén dispuestas en fila, alineadas en una serie continua llamada **CORDILLERA**.

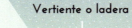
Cumbre o cima

Glaciar

Vertiente o ladera

Puerto

Valle

Pie

600 metros s. n. m.

7500 km
Cordillera de los Andes

Sudamérica

2400 km
Himalaya

India

CÓMO NACEN LAS MONTAÑAS

Las montañas pueden haberse originado por la erupción de volcanes, pero lo más habitual es que se hayan levantado a causa del movimiento de la corteza terrestre.

Una cordillera nace cuando dos placas tectónicas chocan, se arrugan y enormes lastras de roca son empujadas hacia arriba. Eso es lo que sucedió hace 55 millones de años cuando nació el Himalaya, que contiene 30 de las montañas más altas del mundo.

Puesto que las placas que hay debajo de la India y de Asia todavía se están empujando la una a la otra, ¡el Himalaya sigue creciendo en altura unos pocos milímetros cada año!

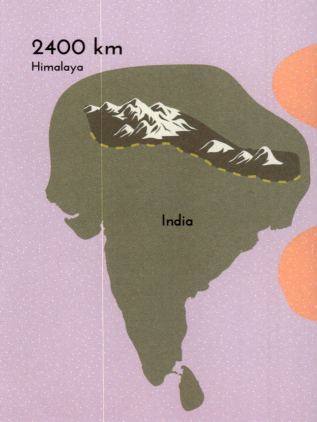

LAS MONTAÑAS MÁS ALTAS DEL MUNDO

- el Everest — Asia — 8848 m
- el Aconcagua — Sudamérica — 6962 m
- el Denali — Norteamérica — 6194 m
- el Kilimanjaro — África — 5963 m
- el Elbrús — Europa — 5633 m
- el macizo Vinson — la Antártida — 5140 m
- el Jaya — Oceanía — 5030 m

CORDILLERAS ANTIGUAS Y RECIENTES

Las cordilleras con montañas caracterizadas por pendientes escarpadas y cumbres puntiagudas indican que su formación es «reciente» y que probablemente todavía se están formando. ¡Recuerda que, para una montaña, tener pocas decenas de millones de años significa ser joven!

Las cordilleras con montañas bajas y redondeadas son muy antiguas: la acción de la lluvia, el viento, el hielo y la fuerza de la gravedad han erosionado gradualmente y durante muchísimo tiempo la roca, modelando las vertientes y reduciendo la altura.

Cordilleras más recientes: los Andes

Hace unos 70 millones de años

Cordilleras más antiguas: los Apalaches

Hace unos 350 millones de años

GLACIARES DE MONTAÑA

A menudo, en la parte más elevada de una montaña, la temperatura es cercana al punto de congelación del agua. Las nevadas son abundantes, y la nieve se acumula en cuencas con forma de bol que se llaman **CIRCOS**. Si la nieve no se deshace completamente durante el verano, hay una acumulación; es decir, se forma un glaciar. Si estas condiciones persisten, con el paso de centenares de años aumentarán el tamaño y el grosor del glaciar.

LAS MORRENAS

Cuando los glaciares empiezan a retirarse, depositan su carga de roca, tierra y grava en el punto al que han llegado. Estas acumulaciones de sedimentos forman unas colinas que se llaman **MORRENAS**.

Glaciar

Morrena

EL MOVIMIENTO DE LOS GLACIARES

Aunque parezca un bloque sólido, en realidad el glaciar se mueve lentamente a causa de su propio peso, que hace que se deslice hacia abajo. Un glaciar se mueve unas pocas decenas de metros al año, y las nuevas nevadas sustituyen el hielo que ya se ha deslizado.
La fuerza de un glaciar es inmensa. Como si fuera un buldócer, el glaciar arrastra todo lo que encuentra a su paso. El hielo transporta piedras, arcilla y rocas enormes a lo largo de cientos de kilómetros.

CONDICIONES CLIMÁTICAS

Cuando se sube a una montaña, la temperatura desciende aproximadamente 0,5-0,6 °C cada 100 metros y llueve más a menudo que en cotas más bajas. El clima está condicionado por la latitud: en las zonas ecuatoriales, por encima de los 3500 metros se puede formar hielo cualquier noche del año, pero de día se derrite con el calor.

En las montañas de latitudes templadas, las estaciones están muy marcadas y, en verano, por encima del límite del bosque, durante al menos 100 días las temperaturas son lo bastante altas como para que puedan crecer plantas, mientras que a lo largo de todo el invierno bajan de cero tanto de día como de noche.

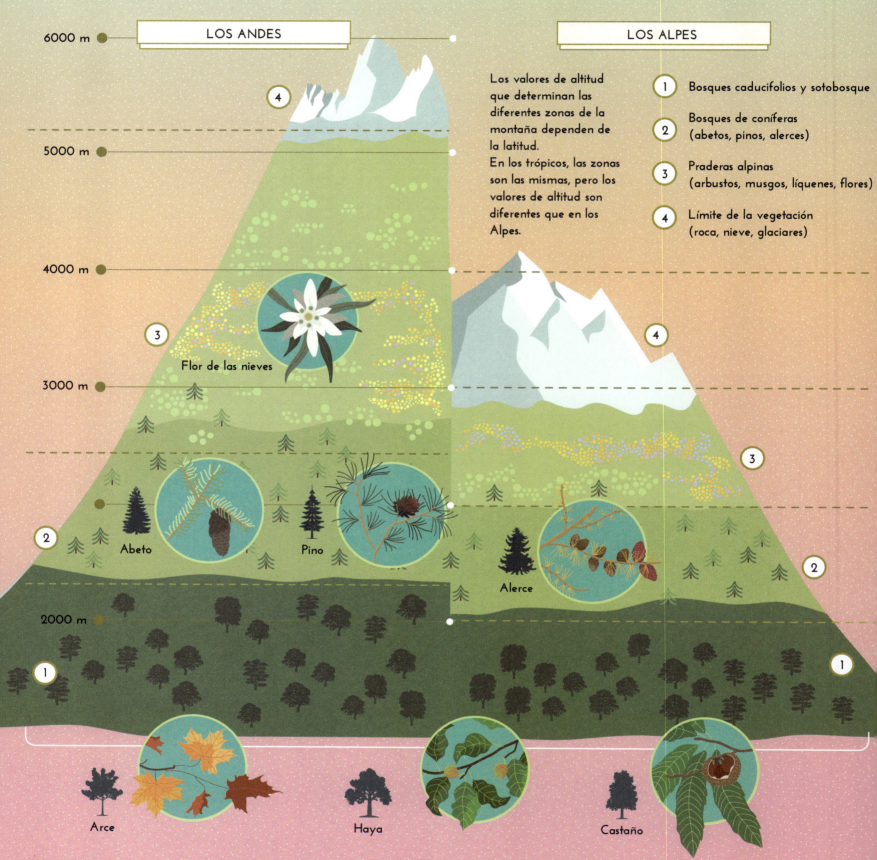

LA FLORA

En la base de la montaña crece el bosque tropical. Esta vegetación, sin embargo, está ausente en latitudes superiores: de hecho, en las regiones templadas, el pie de la montaña está cubierto de bosques caducifolios, con árboles que pierden las hojas en invierno y con un sotobosque rico.
Un poco más arriba están los bosques de coníferas, con abetos, pinos y alerces, y más arriba aún, por encima del límite del bosque, crecen plantas mucho más pequeñas y escasas, hasta que desaparecen completamente, para dar paso a las praderas alpinas, con hierbas, arbustos bajos, musgos y líquenes. A partir de una determinada altitud, está el límite de la vegetación. En este punto prácticamente no hay tierra, el aire siempre es gélido, los vientos son demasiado fuertes y no crece ningún tipo de planta. Aquí solo hay roca parcialmente cubierta de nieve.

LA FAUNA

La montaña no es un hábitat fácil para vivir, menos aún para los animales: hay pendientes escarpadas sobre las que es difícil andar, largos meses de frío con abundantes nevadas, comida escasa o difícil de conseguir y, por si esto no fuera suficiente, la disminución del oxígeno en el aire aumenta con la altura y se hace más difícil respirar.

Sin embargo, en este hábitat vive un considerable número de especies que presentan adaptaciones únicas.

Depredadora majestuosa, el **ÁGUILA REAL** domina el cielo de alta montaña. La escasa vegetación de las cumbres facilita la identificación de las presas y desarrolla su técnica de caza, que incluye el ataque en picado.

En las cumbres del Himalaya vive el **LEOPARDO DE LAS NIEVES**. Su cuerpo achaparrado y su pelo reducen al mínimo la pérdida de calor, mientras que sus anchas zarpas se agarran con firmeza a la nieve.

El **YAK**, un bóvido grande que vive en las montañas asiáticas, sube tranquilamente hasta los 5000 o 6000 metros de altitud porque, además de la densa cabellera que lo protege del frío, tiene una cantidad muy elevada de glóbulos rojos que le permiten respirar, sin demasiados problemas, incluso el aire enrarecido de las altas cotas.

En las montañas de Etiopía viven los **GELADAS**, unos monos que plantan cara a la escasez de alimentos nutritivos comiéndose la hierba que encuentran en abundancia. Apoyan las manos en el suelo y pastan igual que los herbívoros.

Por encima de los 1500 metros, el largo y frío invierno se puede superar entrando en estado letárgico. Es lo que hace la **MARMOTA ALPINA**, un animal típico de las montañas europeas que pasa seis meses durmiendo dentro de su madriguera.

Trepar por las pendientes escarpadas puede resultar difícil: animales como las **CABRAS DE LOS ALPES** cuentan con pezuñas con dos dedos que pueden hacerse más anchos para mejorar el equilibrio.

El **ARMIÑO** cambia el pelo con la llegada del invierno. El color blanco le permitirá mimetizarse mejor, ya sea para acechar a las presas y atacarlas por sorpresa o para no acabar él mismo en las fauces de un depredador hambriento.

DEL MANANTIAL A LA DESEMBOCADURA

Los ríos y los lagos son una fuente de agua dulce esencial para la vida en la Tierra, aunque contengan menos del 1% de agua del planeta.

Más del 80 % del agua dulce del planeta procede de las montañas. La nieve caída en las cumbres se derrite en verano y forma los ríos que llevarán el agua hasta el mar. A lo largo de su recorrido, un río forma su caudal a partir de las precipitaciones (lluvias y nevadas), tanto por la superficie como por las capas subterráneas del suelo.

80 % de las montañas

¿CÓMO NACE UN RÍO?

El punto donde empieza un curso de agua se llama **MANANTIAL** y se forma cuando el agua de lluvia que se filtra en las profundidades de la roca encuentra, en un punto determinado, una capa de rocas impermeables, sobre las que fluye hasta que consigue salir.

Al fluir, el agua abre un surco en el terreno que, con el tiempo, se convertirá en su recorrido.

El recorrido de un río empieza en la zona más alta y avanza hacia otra menos elevada. Fluye por en un cauce o lecho, delimitado por las márgenes.

En el manantial los cursos de agua son muy pequeños, pero al descender al valle se van uniendo unos a otros y aumentan de tamaño.

Un río que termina en otro se llama **AFLUENTE**.

TORRENTE
Nace de la unión de varios arroyos. Es un curso de agua estacional que a veces también puede estar seco.

ARROYO
Pequeño, se forma en las vertientes más escarpadas de la montaña y su recorrido puede modificarse.

RÍO
Puede alcanzar gran tamaño. Se alimenta de diferentes cursos de agua y nunca está seco.

ALGUNOS DE LOS RÍOS MÁS LARGOS DEL MUNDO

1. Nilo — 6853 km
2. Amazonas — 6400 km
3. Misisipi — 5970 km
4. Yangtsé — 5797 km
5. Amarillo — 5646 km
6. Obi — 5410 km
7. Mekong — 4880 km

Los ríos modifican el paisaje que atraviesan. De hecho, forman **VALLES DE MONTAÑA, DESFILADEROS, LAGOS** y, por supuesto, **CASCADAS**, uno de los espectáculos más fascinantes de la naturaleza.

Una **CASCADA** se origina cuando un río «salta» debido a un desnivel.

LOS RÍOS MÁS CAUDALOSOS DEL MUNDO

1. Amazonas
2. Ganges
3. Congo

LAS CASCADAS MÁS ALTAS DEL MUNDO

1. Salto Ángel — Venezuela — 979 m
2. Salto del Tugela — Sudáfrica — 948 m
3. Las Tres Hermanas — Perú — 914 m
4. Cascadas Oloupena — Hawái — 900 m
5. Vinnufossen — Noruega — 865 m
6. Cascadas James Bruce — Canadá — 840 m
7. Cascada Browne — Nueva Zelanda — 836 m

La erosión llevada a cabo por los ríos se llama **ABRASIÓN** y es más profunda en el punto central del cauce, donde la corriente es más fuerte.

Cuando el río llega al llano, el agua fluye lentamente porque la pendiente es escasa. Entonces el río se vuelve sinuoso y se forman curvas, llamadas **MEANDROS**.

La cantidad de agua transportada por los ríos puede ser muy diferentes.

Esta cantidad, llamada **CAUDAL**, se mide calculando cuántos metros cúbicos por segundo pasan por un punto del lecho. En un mismo río el caudal no suele mantenerse constante, sino que varía con el cambio de las estaciones, según la lluvia que caiga y la cantidad de nieve que se derrita en los glaciares.

Así pues, en un río se pueden alternar regímenes de estiaje y regímenes de crecida.

LAGOS
Un río que atraviesa una cuenca natural puede llenarla y dar origen a un lago. El río que entra en un lago se llama **INMISARIO**, mientras que el que sale se llama **EMISARIO**.
Un lago puede formarse también cuando una barrera, por ejemplo, un desprendimiento, bloquea el curso del río. Cualquier lago está destinado a desaparecer con el tiempo. Al llenarse de sedimentos arrastrados por el río, disminuye la profundidad al tiempo que la vegetación invade lentamente el espacio.

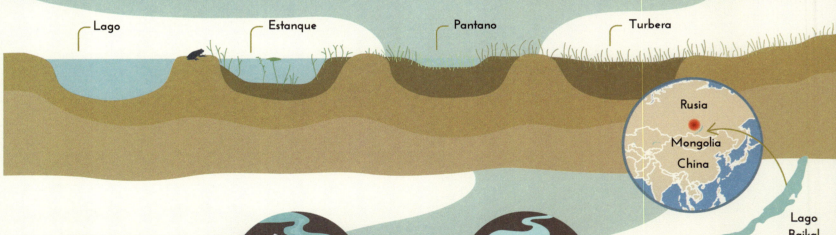

El lago más grande del mundo está en Siberia y es el Baikal. Con una profundidad máxima de 1642 metros, también es el lago más profundo del planeta.

LA DESEMBOCADURA
La última etapa es la **DESEMBOCADURA**, donde el río hace su entrada en el mar. Hay dos tipos de desembocadura:

DESEMBOCADURA EN DELTA
El río se divide en muchas ramas más pequeñas, que fluyen por un terreno de detritos, depositados por el mismo río.

DESEMBOCADURA EN ESTUARIO
Antes de llegar al mar, el río se ensancha y el cauce toma la forma de un embudo.

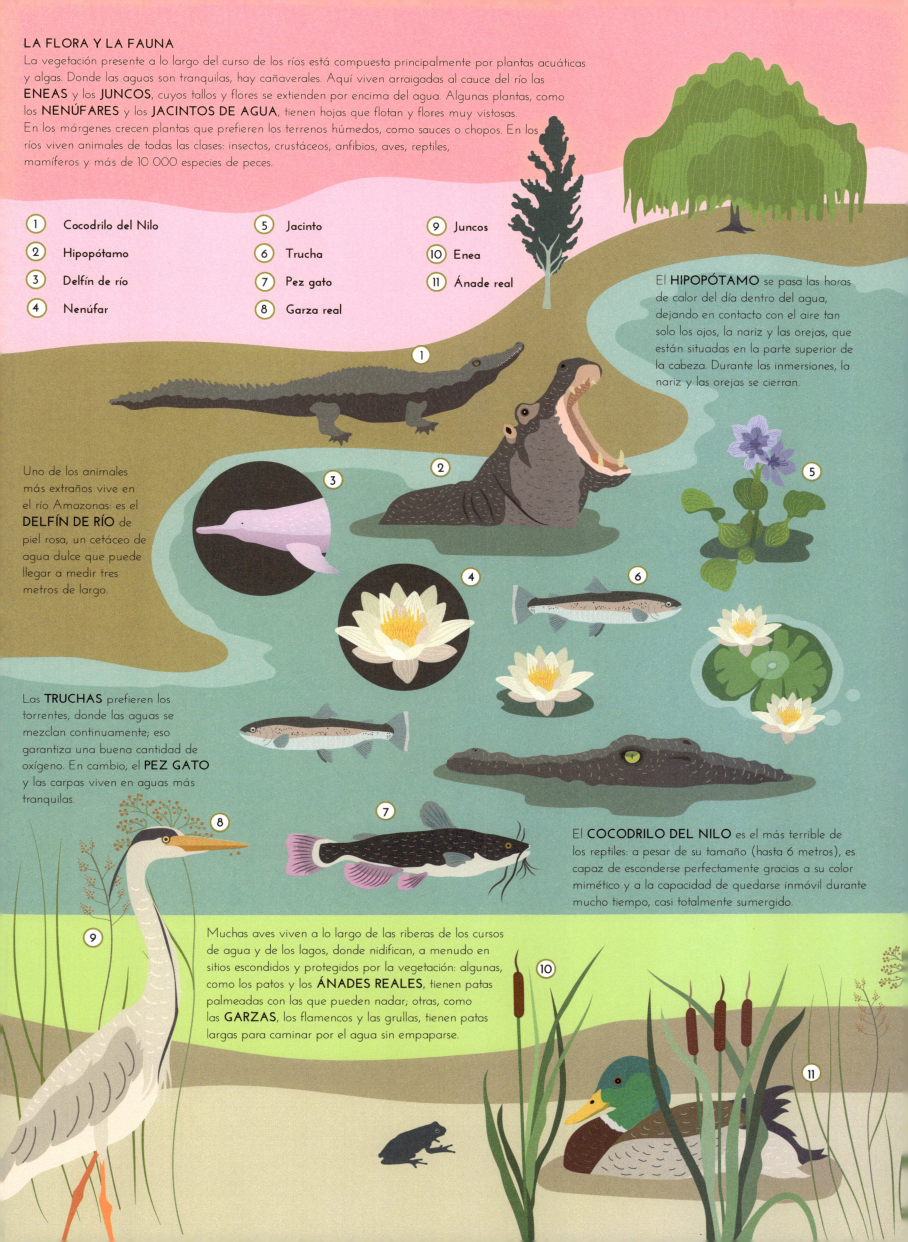

TIERRAS CONGELADAS

El Ártico y la Antártida se encuentran en los extremos del mundo: son los polos de la Tierra.

El Ártico se llama así por la constelación de la Osa Mayor, que en griego antiguo se llamaba *Arktos Megale* y que podemos observar en el cielo si miramos hacia el norte. El nombre de la Antártida significa, simplemente, 'opuesto al Ártico'.

Los **POLOS**, debido a su posición, son los lugares más fríos del planeta: en estas tierras el sol siempre está bajo en el horizonte y sus rayos llegan muy inclinados y, por lo tanto, calientan poco. Además, a causa de la inclinación del eje terrestre, en estas regiones hay meses enteros en los que el sol está siempre por encima del horizonte y nunca cae la noche, mientras que durante los otros meses el sol no sale en todo el día.

Los dos polos terrestres no son dos caras de la misma moneda, sino que hay diferencias entre ellos. Para empezar, el Polo Sur es mucho más frío. Esto es así porque el Ártico y la Antártida son geográficamente diferentes: el primero es un océano rodeado por continentes, mientras que el segundo es un continente en sí mismo, rodeado por un océano.

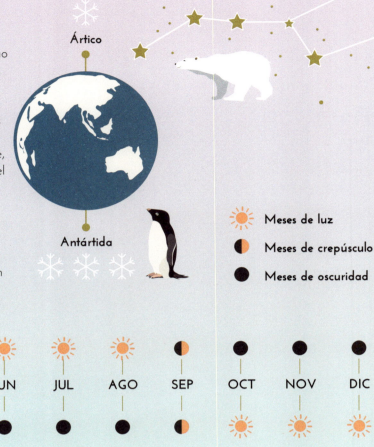

- Meses de luz
- Meses de crepúsculo
- Meses de oscuridad

	ENE	FEB	MAR	ABR	MAY	JUN	JUL	AGO	SEP	OCT	NOV	DIC
POLO NORTE	●	●	◐	☀	☀	☀	☀	☀	◐	●	●	●
POLO SUR	☀	☀	◐	●	●	●	●	●	◐	☀	☀	☀

A pesar de la gran cantidad de hielo que hay, la Antártida es una tierra seca y árida y está considerada un desierto. De hecho, aquí las precipitaciones, sobre todo en forma de nieve, son escasas: apenas se registran 5 centímetros al año.

La Antártida está cubierta en más del 98 % por una capa de hielo de 2200 metros de grosor, pero en algunas zonas interiores llega a los 4500 metros.

Por las vertientes de las montañas, en gran parte enterradas bajo el hielo, descienden fuertes vientos gélidos que pueden alcanzar los 300 km/h y que barren con violencia esta tierra desolada.

La Antártida tiene una superficie de más de 14 millones de kilómetros cuadrados y es casi dos veces mayor que Australia.

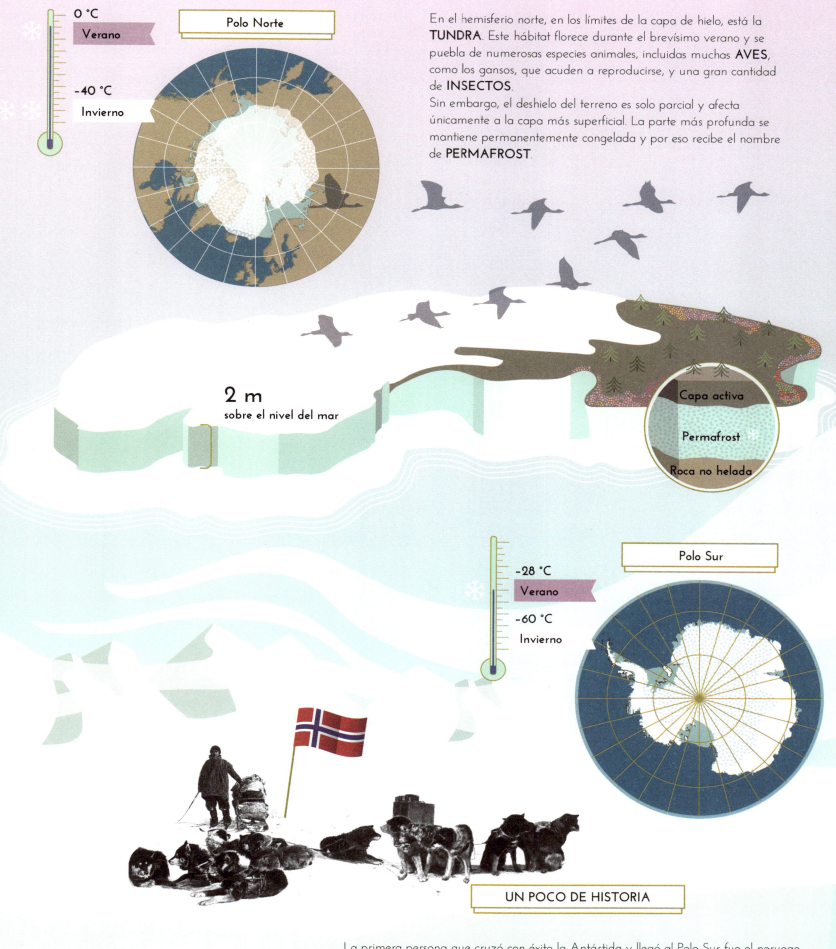

Polo Norte

0 °C Verano
−40 °C Invierno

En el hemisferio norte, en los límites de la capa de hielo, está la **TUNDRA**. Este hábitat florece durante el brevísimo verano y se puebla de numerosas especies animales, incluidas muchas **AVES**, como los gansos, que acuden a reproducirse, y una gran cantidad de **INSECTOS**.
Sin embargo, el deshielo del terreno es solo parcial y afecta únicamente a la capa más superficial. La parte más profunda se mantiene permanentemente congelada y por eso recibe el nombre de **PERMAFROST**.

2 m sobre el nivel del mar

Capa activa
Permafrost
Roca no helada

Polo Sur

−28 °C Verano
−60 °C Invierno

UN POCO DE HISTORIA

La primera persona que cruzó con éxito la Antártida y llegó al Polo Sur fue el noruego Roald Amundsen. Con apenas un equipo de cuatro hombres, viajó durante 57 días en trineos tirados por 52 perros y llegó a la meta el 14 de diciembre de 1911.

En cambio, determinar quién llegó antes al Polo Norte ha sido objeto de largas controversias. Dos exploradores americanos declararon haberlo hecho y se acusaron mutuamente de fraude. Robert Peary afirmó que había llegado al Polo Norte el 6 de abril de 1909, mientras que Frederick Cook dijo que había llevado a cabo la empresa un año antes, el 21 de abril de 1908. Todavía hoy, ninguna de las dos afirmaciones puede demostrarse con certeza.

La Antártida contiene casi el 70 % del agua dulce de la Tierra y casi el 90 % del hielo.

LA VEGETACIÓN

Las temperaturas extremas y los largos períodos de oscuridad hacen de los polos sitios nada aptos para la vida de las plantas terrestres, que no podrían sobrevivir sin un terreno en el que echar raíces y, sobre todo, sin luz para la fotosíntesis.

Solo en la **TUNDRA**, presente en el hemisferio boreal, consiguen vivir, durante el breve período del deshielo y sin apenas alzarse sobre el suelo, algunas especies de hierbas, musgos, líquenes y plantas pequeñas y bajas.

En cambio, en el mar abundan las algas microscópicas, que forman grandes cantidades de fitoplancton. Las algas son el sustento del kril, que representa un eslabón muy importante en la cadena alimentaria de los polos. Se estima que en el océano viven 500 millones de toneladas de kril, lo que lo convierte en el animal más abundante del mundo.

ANIMALES DEL ÁRTICO

Hay varios animales terrestres que viven en el Ártico, en la banquisa congelada o, más habitualmente, en la tundra: renos y caribús, bueyes almizcleros, lemmings, liebres polares, lobos y zorros árticos y osos polares.

Entre las aves se cuentan los **BÚHOS NIVALES** y los **CHARRANES ÁRTICOS**, que son capaces de llevar a cabo la migración más larga: cuando llega el invierno, se desplazan más de 45 000 kilómetros para llegar a la Antártida desde el otro lado del globo terrestre en poco más de cuatro meses.

EL OSO BLANCO es el señor indiscutible del Ártico. Para soportar las bajas temperaturas, los osos polares tienen dos capas de pelaje y una capa de grasa subcutánea. Además, su piel es negra y absorbe el poco calor del sol que consigue atravesar los pelos más largos del pelaje, que son huecos.

1. Búho nival
2. Charrán ártico
3. Oso polar
4. Foca de Groenlandia
5. Morsa

En el mar viven muchos animales, algunos de ellos de grandes dimensiones: la **MORSA**, el narval, la beluga, la ballena de Groenlandia y muchas especies de focas (la **FOCA DE GROENLANDIA**, la barbuda, la franjeada, la anillada, la capuchina, la común, la manchada, la gris).

ANIMALES DE LA ANTÁRTIDA

Aunque parezca extraño, el animal estrictamente terrestre más grande de la Antártida es un insecto: la **BELGICA ANTARCTICA**. Se trata del mosquito antártico, que no alcanza el centímetro de largo. La ausencia de alas impide que los fuertes vientos lo arrastren.

Belgica antarctica
> 1 centímetro (escala 1:1)

En cambio, hay muchísimos animales que encuentran comida en el mar y que pasan en tierra firme tan solo una parte de su vida, habitualmente para reproducirse. Nos referimos, sobre todo, a las numerosas especies de pingüinos, todas presentes en el hemisferio austral.

Los **PINGÜINOS** son aves que no vuelan, sino que utilizan las alas como aletas para nadar. El pingüino emperador, que mide aproximadamente la mitad que un hombre, alcanza los 12 km/h en inmersiones que pueden durar más de 22 minutos, a unos 500 metros de profundidad.

Los machos se encargan de incubar un único huevo, que sostienen sobre sus pies en equilibrio. Así pasan todo el invierno sobre el hielo, con una temperatura gélida de -60 °C, y buscan calor en el interior del numeroso grupo, apretujándose los unos contra los otros.

Igual que en el Ártico, aquí también hay focas, como la **FOCA LEOPARDO**, la de Weddell, la de Ross o la foca cangrejera. Y entre todas ellas, el colosal **ELEFANTE MARINO**. En el mar tampoco faltan las **BALLENAS** ni los **TIBURONES**.

6. Pingüino real
7. Pingüino de Adelia
8. Pingüino antártico
9. Pingüino emperador
10. Foca leopardo
11. Elefante marino

LOS PULMONES DE LA TIERRA

Decir que una selva es un conjunto de árboles que crecen de forma espontánea es una definición que se queda muy corta. Las selvas son un elemento esencial para nuestro planeta y contribuyen al bienestar general de todos sus habitantes, incluidos los seres humanos.

Las selvas absorben el dióxido de carbono presente en la atmósfera y otros gases de efecto invernadero, responsables del calentamiento de la Tierra, mitigando el cambio climático.

Además de contener miles de millones de árboles, albergan el 80 % de la biodiversidad y son el hábitat de numerosas especies de animales y plantas, muchas de ellas todavía por descubrir.

Hay varios tipos de selvas, y cada uno presenta unas características particulares que dependen de la distancia al ecuador, de la tierra en la que crecen y de las condiciones climáticas de la región en la que viven.

El **31 %** de las tierras emergidas está cubierto de selvas.

SELVAS PLUVIALES

Se desarrollan sobre la línea del ecuador, entre los trópicos de ambos hemisferios. Las encontramos en Sudamérica, en África y en el sudeste asiático. Contienen la diversidad de especies más elevada del mundo, tanto de animales como de plantas: se cuentan por millones y son, por lo menos, la mitad de todas las que hay en el planeta.

La más extensa es la amazónica, casi tan grande como la mitad de Europa. Actualmente se han descubierto 350 especies de mamíferos, 3000 de peces, 1000 de aves, 3000 de plantas y 10 000 de invertebrados.

Selvas pluviales 56 %

Bosques templados 11 %

Bosques boreales 33 %

Ecuador

Amazonia

27 °C

En la selva pluvial la temperatura es estable todo el año, alrededor de 27 °C. Las plantas tienen agua disponible porque llueve mucho, incluso todos los días.

FLORA Y FAUNA

En una selva pluvial los árboles pueden alcanzar alturas vertiginosas. La vegetación está claramente estratificada y, aunque los animales más abundantes son los arborícolas, hay fauna en todos los niveles.

Capa emergente

Aquí arriba hay mucha luz solar y solo la pueden alcanzar las copas de los árboles más altos, que se elevan hasta los 50-60 metros.

Dosel

Es la capa principal de la selva y forma un techo que cubre la parte inferior. Está formado por árboles que llegan a los 20 metros y crean un laberinto de ramas, que se hace todavía más intrincado por las lianas.

Sotobosque

Está dominado por la sombra perpetua y por eso las plantas presentan hojas grandes para poder atrapar la escasa luz solar. Muchas, como las orquídeas y las bromelias, son epífitas, es decir, que crecen sobre los árboles y se abastecen de agua a través de raíces aéreas.

Suelo

Puesto que solo el 1% de los rayos solares llega al suelo, este es muy oscuro. Por eso no hay plantas y, entre los animales, se cuentan muchos insectos.

① Águila arpía
② Morfo azul
③ Vampiro común
④ Boa arborícola
⑤ Perezoso
⑥ Orangután
⑦ Tucán toco
⑧ Guacamayo rojo
⑨ Jaguar
⑩ Rana dorada venenosa
⑪ Hormiga cortadora de hojas
⑫ Puma
⑬ Tapir

BOSQUES CADUCIFOLIOS TEMPLADOS

Los bosques caducifolios se hallan en las latitudes medias, sobre todo en el hemisferio norte, donde hay precipitaciones abundantes durante todo el año y las cuatro estaciones se suceden de manera bien definida.

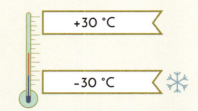

En general, la temperatura varía entre los –30 °C y los +30 °C, y las precipitaciones anuales ascienden a 75-150 centímetros.

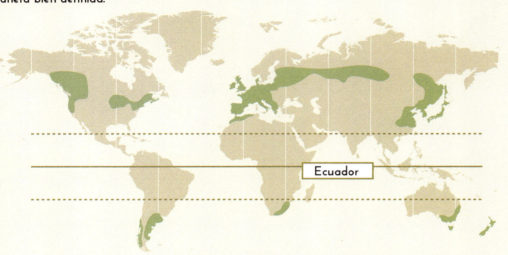

En los bosques caducifolios crecen principalmente árboles latifolios, como robles, hayas, arces, olmos, abedules, castaños y nogales; de media, hay entre tres y cuatro especies de árboles por kilómetro cuadrado.

En otoño, antes de caer al suelo, las hojas de estos árboles se visten con preciosos matices naranjas, amarillos y rojos.

La caída de las hojas es inevitable, pues, debido al frío, el agua del interior de las células podría congelarse y esto dañaría gravemente a la planta. La descomposición de las hojas caídas y las temperaturas moderadas se combinan para crear un terreno muy fértil.

Cuando las temperaturas descienden y las horas de sol disminuyen, las hojas interrumpen la fotosíntesis y la clorofila que contienen se disuelve.

El color verde desaparece, y se hacen visibles las tonalidades entre el amarillo y el naranja.

Después, el árbol bloquea el paso del azúcar a la hoja, lo que hace que se acumule en sus células y se transforme en pigmento rojo.

El bosque caducifolio templado solo tiene dos capas de vegetación: el dosel, formado por las ramas y las hojas de los árboles más altos, que puede llegar a una altura de entre 15 y 30 metros, y el sotobosque, compuesto por plantas más bajas.

En el sotobosque siempre hay **HELECHOS**, **MUSGOS** y **LÍQUENES**, que son capaces de sobrevivir también durante el verano, cuando reciben poca luz.

1. Zorro
2. Jabalí
3. Tejón
4. Liebre común
5. Lobo
6. Ciervo común
7. Pico picapinos
8. Arrendajo eurasiático
9. Oropéndola

BOSQUES BOREALES O TAIGA

En la zona subártica del hemisferio norte, los continentes están cubiertos de bosques boreales, conocidos también con la palabra rusa TAIGA.

En la taiga se alternan dos estaciones: un verano corto, húmedo y ligeramente cálido, y un invierno muy largo, frío y nevoso.

El terreno de un bosque boreal está formado por una capa muy fina y es pobre en sustancias nutritivas. Como el bosque está compuesto esencialmente por plantas perennes, llega poquísima luz al suelo y, por lo tanto, el crecimiento de plantas de sotobosque es muy limitado.

Ecuador

+20 °C
−40 °C

En general, la temperatura oscila entre los −40 °C y los +20 °C y caen entre 75 y 150 centímetros cúbicos de precipitaciones.

Los árboles de la taiga son coníferas, como **PINOS**, **ALERCES** y **ABETOS**, con las características hojas que parecen agujas. Muchos de estos árboles tienen forma cónica, con una punta que mira hacia arriba: de este modo, evitan que la nieve abundante que cae en invierno se acumule sobre sus ramas y las pueda romper.

Hoja ancha

Hoja con forma de aguja

HOJAS ANCHAS, HOJAS CON FORMA DE AGUJA

Ambos tipos de hoja son órganos que sirven a las plantas para realizar la fotosíntesis y ambos pueden servir de alimento para muchos otros organismos.

- Caen en otoño.
- Tienen una superficie ancha para absorber la luz.
- Realizan la fotosíntesis solo en primavera.
- Las temperaturas bajas las dañan.
- Pueden perder mucha agua con la evaporación.

- Caen cada tres o cuatro años progresivamente.
- Tienen una superficie reducida para absorber la luz.
- Realizan la fotosíntesis todo el año.
- Soportan las temperaturas bajas.
- Tienen una cutícula que limita la evaporación.

FAUNA

Tanto en los bosques caducifolios como en la taiga, se pueden encontrar muchos animales, como ciervos, tejones, lobos, jabalíes, osos, alces, linces, liebres y aves, muchas de las cuales van allí solo en verano, durante el período de reproducción.

¿SUEÑO O LETARGO?

Para los animales, la estación más difícil de afrontar es el invierno, cuando el alimento escasea y las temperaturas bajan de cero. Por eso, muchas especies se pasan los días durmiendo, aunque no todas de la misma manera.

Caen en letargo

Lirones · Erizos · Murciélagos · Reptiles

LA TAIGA

EL LETARGO

Cuando llegan los días más fríos, algunos animales, como los lirones, los erizos, los murciélagos y los reptiles, caen en una especie de hibernación llamada **LETARGO**. La frecuencia cardíaca se reduce a pocos latidos por minuto, la respiración se hace lenta y la temperatura del cuerpo desciende casi hasta el punto de congelación. Los animales pasan así todo el invierno, dentro de un agujero o en una madriguera, e interrumpen el letargo tan solo de forma esporádica, pero se despiertan cada vez con más frecuencia a medida que se acerca la primavera.

EL SUEÑO

Otros animales, como, por ejemplo, los mapaches boreales y los osos pardos, se retiran a una madriguera, donde caen en un estado de somnolencia mucho menos profundo que el letargo. De hecho, se despiertan a menudo y, cuando lo hacen, la temperatura del cuerpo, la respiración y el latido del corazón, que solo habían disminuido un poco, vuelven a la normalidad.

Durante todo el invierno estos animales consumen las reservas de grasa del cuerpo acumuladas al final del verano.

1. Piquituerto común
2. Mochuelo chico
3. Lince
4. Alce
5. Oso pardo

PÁRAMOS DESOLADOS

Lo que caracteriza un desierto no son las altas temperaturas o la cantidad de organismos que viven en él, sino más bien las escasas precipitaciones, que, en algún caso, se producen solo una vez cada dos o tres años.

Podemos distinguir entre desiertos cálidos, como el Sahara, el más vasto del planeta, y fríos, como el desierto de Gobi, en el centro de Asia.

De todos modos, en los desiertos cálidos también se pueden registrar grandes diferencias de temperatura en un día. Si durante las horas de sol puede hacer mucho calor, hasta 50 °C; en las horas nocturnas, bajo un cielo sin nubes, el terreno pierde rápidamente el calor acumulado y la temperatura puede descender a bajo cero. Este fenómeno se conoce como **VARIACIÓN DE TEMPERATURA DIURNA**.

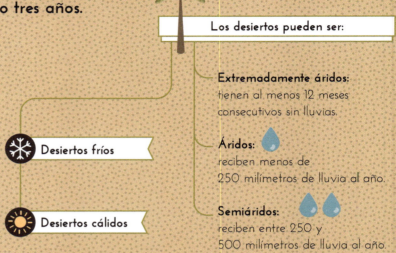

Los desiertos pueden ser:

Extremadamente áridos: tienen al menos 12 meses consecutivos sin lluvias.

Áridos: reciben menos de 250 milímetros de lluvia al año.

Semiáridos: reciben entre 250 y 500 milímetros de lluvia al año.

Desiertos fríos

Desiertos cálidos

EN EL MUNDO
El desierto cálido más grande del mundo es el Sahara, que cubre gran parte de África septentrional y que es casi tan vasto como China. Entre los fríos, aparte de los desiertos polares del Ártico y de la Antártida, el récord es para el desierto de Gobi, que se extiende por Asia oriental.

LOS DESIERTOS DEL MUNDO

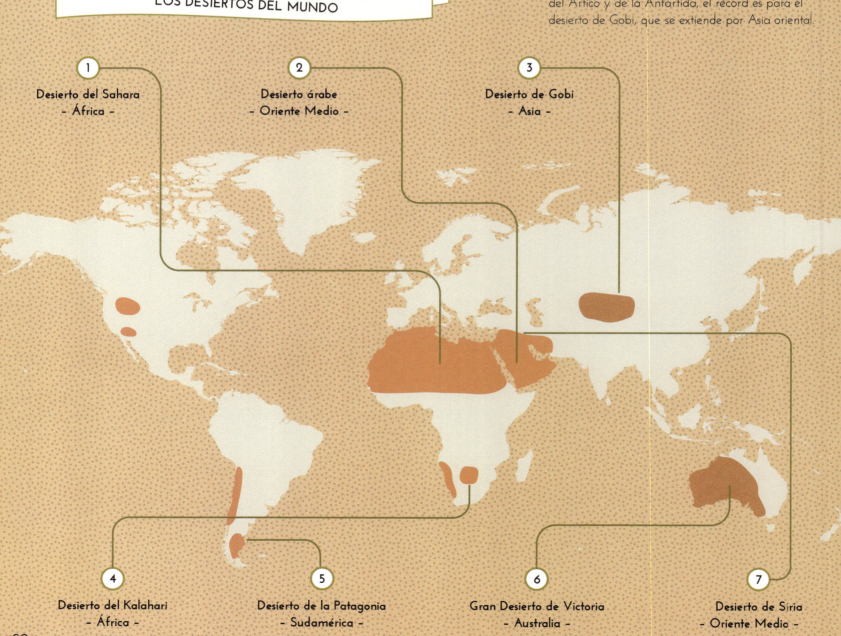

1. Desierto del Sahara - África -
2. Desierto árabe - Oriente Medio -
3. Desierto de Gobi - Asia -
4. Desierto del Kalahari - África -
5. Desierto de la Patagonia - Sudamérica -
6. Gran Desierto de Victoria - Australia -
7. Desierto de Siria - Oriente Medio -

TIPOS DE DESIERTOS

Es verdad que los desiertos más conocidos son los de arena. Sin embargo, en realidad tan solo representan uno más de los muchos tipos de desierto que existen. Los desiertos rocosos y pedregosos son mucho más comunes.

Además de la erosión constante del viento, la variación de temperatura diurna contribuye a desmenuzar constantemente las rocas, por lo que se forman guijarros y granos cada vez más pequeños.

Desiertos de arena (llamados ERG)

Apenas el 20 % de los desiertos son de arena.

Desiertos de rocas (llamados HAMMADA)

Desiertos pedregosos (llamados REG)

DUNAS Y OASIS

Las **DUNAS** son colinas pequeñas formadas por el viento, que acumula la arena en grandes cantidades. Las ráfagas hacen rodar hacia arriba los granos de arena, por la ladera de sotavento. Cuando llegan a la cresta, los granos caen por la ladera contraria, mucho más empinada. Este movimiento continuo de los granos de arena hace que la duna avance hasta varios metros cada año. Las dunas pueden llegar a tener un máximo de 500 metros de altura.

Si una capa de agua subterránea sale a la superficie, nace un **OASIS** en el desierto: un sitio aislado rico en vegetación. Los oasis son una reserva hídrica importante para muchos animales y para las tribus nómadas que viven en estos sitios desolados.

Por qué se forman los desiertos

Hay varios motivos: por ejemplo, una cadena montañosa bloquea el paso del aire húmedo y, en consecuencia, no llueve casi nunca. Otros desiertos están en regiones demasiado alejadas del mar como para que lleguen regularmente corrientes de aire húmedo, o bien sucede que se encuentran sobre ellos masas de aire seco que provocan largos períodos de sequía.

La palabra «DESIERTO» deriva del latín y significa 'lugar abandonado'. Sin embargo, en los desiertos hay muchas plantas, animales y otros organismos que se han adaptado a sobrevivir en condiciones muy difíciles, con escasez de agua y en un terreno pobre en nutrientes.

LA FLORA

Muchas plantas almacenan agua en el tronco. A menudo, tienen un ciclo vital muy breve, que empieza y termina solo cuando llueve.

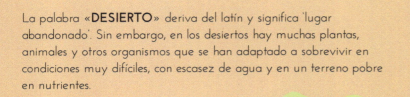

En el desierto de Namibia crecen las **WELWITSCHIA**. Estas plantas viven de media entre 500 y 600 años; algunas llegan incluso a los 2000. Tienen hojas que, como el pelo, ¡crecen sin parar!

Las plantas más comunes son las **EUFORBIÁCEAS** y los **CACTUS**, parecidas entre sí porque se han adaptado a las mismas condiciones ambientales. Ambas suelen tener muchas espinas, cuyo objetivo es proteger la planta. A diferencia de las euforbiáceas, en los cactus las espinas son hojas modificadas.

CARACTERÍSTICAS DE LOS CACTUS

- Su superficie es cerosa, reduce la pérdida de agua y está plegada como un acordeón que se expande y funciona como depósito.

- Los troncos y las ramas son carnosos y almacenan agua en ellos.

- Las hojas son espinas puntiagudas que reducen la pérdida de agua. Por eso la fotosíntesis se produce en el tronco.

- Las flores suelen ser muy vistosas, se abren durante la noche y duran poco tiempo.

- Tienen semillas «durmientes» durante años, que germinan cuando cae la lluvia.

Los cactus se han desarrollado en el Nuevo Mundo, mientras que las euforbiáceas han aparecido en el Viejo Mundo y se han propagado, principalmente, por África, Madagascar y las zonas más áridas de Asia.

LA FAUNA

Como las plantas, los animales también han desarrollado adaptaciones específicas para responder a la escasez de agua. En general, la obtienen de la comida e intentan conservarla sin malgastarla.

Los herbívoros, como los **ANTÍLOPES ADDAX** y los **ÓRYX**, obtienen agua de las plantas que comen y nunca necesitan beber, mientras que los carnívoros reciben los líquidos de los fluidos corporales de sus presas.

Muchos animales de los desiertos cálidos, como la **RATA CANGURO**, están activos por la noche, mientras que pasan las tórridas horas del día en madrigueras excavadas bajo tierra. A más de 50 metros de profundidad, la temperatura sigue siendo de unos 30 °C, independientemente del calor de fuera.

La **VÍBORA CORNUDA DEL DESIERTO** ha desarrollado un método que la hace avanzar lateralmente sobre la arena, sin hundirse, como si nadara.

LOS CAMELLOS Y LOS DROMEDARIOS SON MAMÍFEROS DEL DESIERTO

Para evitar que les entre arena en los ojos y en la nariz, tienen las **PESTAÑAS** muy largas y pueden cerrar las fosas nasales.
Las **JOROBAS** son una reserva de grasa. Pueden almacenar más de 35 kilos.

EL DROMEDARIO reduce al mínimo su pérdida de agua produciendo una orina muy concentrada y un estiércol muy seco. Puede llegar a perder el 40 % de su peso corporal sin morir por deshidratación.

El dromedario
- mide 2 metros
- tiene el pelo corto
- tiene una joroba
- viene de la península arábiga (desierto cálido)

EL CAMELLO puede resistir sin agua más de una semana.

El camello
- mide 1,5 metros
- tiene el pelo largo
- tiene dos jorobas
- viene de Asia (desierto frío)

COMO MARES DE HIERBA

Generalmente, la palabra «sabana» hace referencia a una llanura donde crece hierba en abundancia y donde hay más bien pocos árboles y muy alejados entre sí.

«Sabana» deriva de *zabana*, una palabra en taíno, la antigua lengua hablada por los nativos americanos de algunas islas del Caribe. Entre 1529 y 1555 entró a formar parte del francés, el inglés y el español, cuando los europeos iniciaron la exploración del Caribe.
Aunque hay sabanas en distintos lugares, como Australia o la India, la más grande del mundo es la que se encuentra en África. Se extiende por más de 13 millones de kilómetros cuadrados y es tan grande que cubre casi la mitad del continente.

Casi el **20 %** de la superficie terrestre está cubierta de sabanas.

Las **SABANAS** no son todas iguales, sino que cambian según la duración de la estación seca (se dividen en sabanas húmedas, secas y espinosas) y también del nivel de predominio de las hierbas sobre las demás especies vegetales. Así, podemos distinguir entre las sabanas herbáceas, las sabanas arbustivas y las sabanas arboladas.

Estación de las lluvias

Estación seca

LA VEGETACIÓN

De hecho, la sabana no es más que una pradera con pocos árboles. El largo período en que el agua escasea dificulta la vida de árboles muy altos, que pueden crecer exuberantes solo cerca de los estanques y de los cursos de agua.
Así pues, las plantas más abundantes son las hierbas, que resisten mejor las altas temperaturas y los largos períodos de sequía de la estación seca.

Los árboles, al contrario que las hierbas, pueden almacenar el agua en las raíces y producir hojas solo durante la estación de las lluvias, cuando la temperatura ligeramente más fresca limita el exceso de transpiración.

Acacia

El árbol más común es la **ACACIA CON ESPINAS**, que conserva el agua en la corteza. Su copa, que tiene forma de parasol, es una fuente de alimento para muchos animales y refugio de varias aves.
Para evitar perder demasiadas hojas, la acacia ha desarrollado medios de defensa: las espinas, el gusto amargo de las hojas y una alianza con las hormigas.

Grulla coronada cuelligrís

Secretario

LAS SABANAS DEL MUNDO

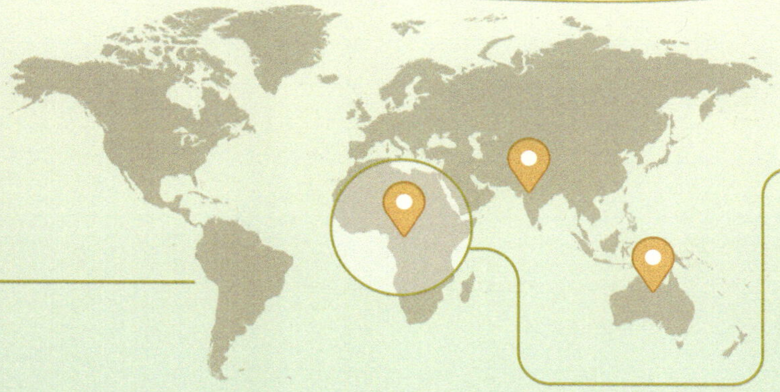

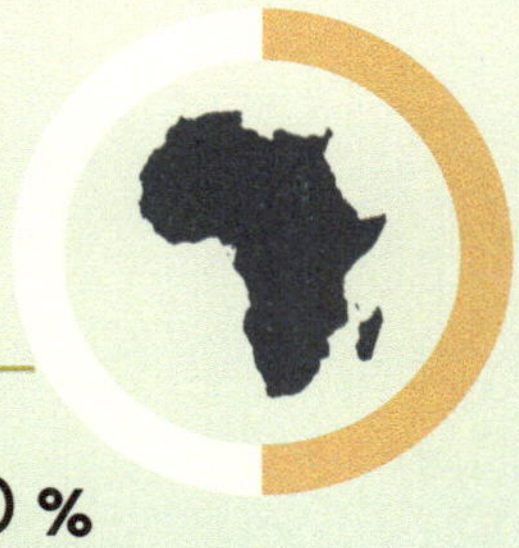

20-30 °C

En las sabanas el clima es cálido: la temperatura oscila entre los 20 °C y los 30 °C, con ligeras variaciones a lo largo del año.

50 %
La sabana cubre casi la mitad del continente africano.

Baobab

25 metros

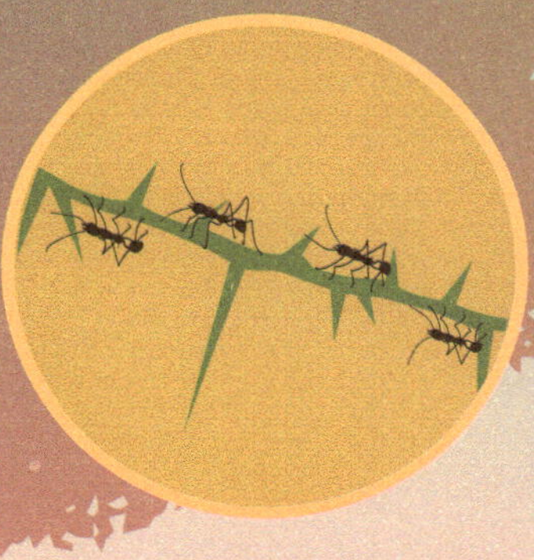

LAS HORMIGAS DE LA ACACIA
En una acacia pueden vivir hasta 30 000 hormigas, que echan a los animales que quieren alimentarse de la planta picándolos o pellizcándolos. Las hormigas eliminan los hongos perjudiciales para el árbol e incluso cortan las otras plantas pequeñas que podrían competir por la luz del sol. Para no perder a estos valiosos ayudantes, la acacia, a su vez, produce el néctar que comen las hormigas, una sustancia que impide que los pequeños insectos se alimenten de ninguna otra forma de azúcar. Así, si alguna hormiga abandonase la planta, estaría destinada a morir de hambre.

Otra especie muy difundida en este hábitat es el **BAOBAB**. Su tronco hinchado puede alcanzar los 25 metros de altura y un diámetro de 3-10 metros. El árbol utiliza su corteza compacta y resinosa para almacenar agua. Además, es resistente al fuego e impide que el agua se evapore. Algunos ejemplares superan los mil años.

LA FAUNA

La vegetación abundante permite la presencia de numerosos herbívoros, que, a su vez, sostienen a una larga serie de carnívoros, entre los que se encuentran muchos felinos (como leones, leopardos, guepardos, servales), cánidos (chacales, licaones) y hienas. Los herbívoros más numerosos son los antílopes. Este grupo comprende especies muy diferentes entre sí.

Todos estos animales se nutren de vegetales y pueden vivir en el mismo ambiente porque se reparten los recursos: cada uno tiene unas preferencias y obtiene la comida de plantas situadas a diferentes alturas del suelo o en un horario distinto según la época del año.

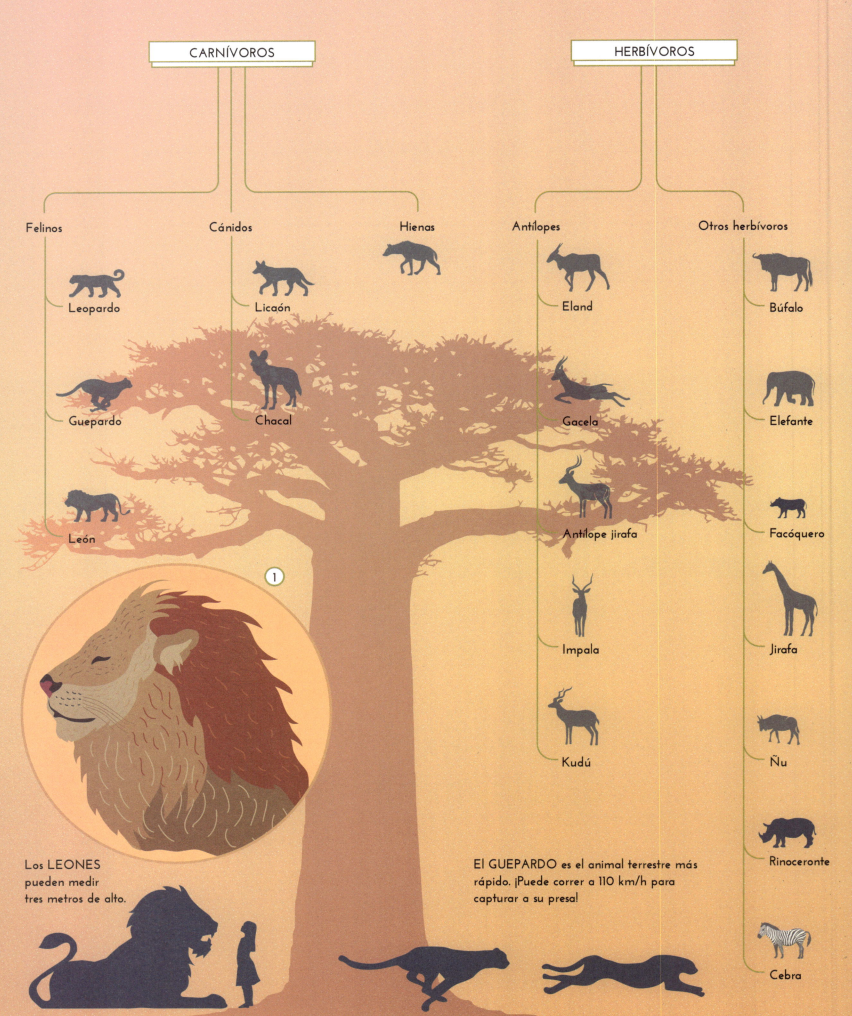

CARNÍVOROS

Felinos
- Leopardo
- Guepardo
- León

Cánidos
- Licaón
- Chacal

Hienas

HERBÍVOROS

Antílopes
- Eland
- Gacela
- Antílope jirafa
- Impala
- Kudú

Otros herbívoros
- Búfalo
- Elefante
- Facóquero
- Jirafa
- Ñu
- Rinoceronte
- Cebra

Los **LEONES** pueden medir tres metros de alto.

El **GUEPARDO** es el animal terrestre más rápido. ¡Puede correr a 110 km/h para capturar a su presa!

LAS GRANDES MIGRACIONES

En algunas regiones de África, al principio de la estación seca, muchos herbívoros migran a otras áreas en busca de agua.
Manadas formadas por millones de individuos de especies diferentes se ponen en marcha para llevar a cabo un desplazamiento de hasta 800 kilómetros, durante el cual las hembras dan a luz a sus crías.
El trayecto presenta peligros y dificultades, pero estos animales confían en el gran número de la manada y en la velocidad, sobre todo en las vastas áreas abiertas en las que los depredadores lanzan sus ataques.

EL CAMUFLAJE Y EL MIMETISMO

A menudo, los depredadores necesitan mimetizarse, es decir, esconderse confundiéndose con el ambiente, para acercarse lo más posible a las presas y pillarlas por sorpresa. Debido a esto, muchos felinos tienen el pelaje a manchas, que imita muy bien el juego de luces y sombras de los rayos del sol sobre el terreno.

Las **JIRAFAS** son los animales más altos del mundo y pueden crecer hasta los ¡6 metros de altura!

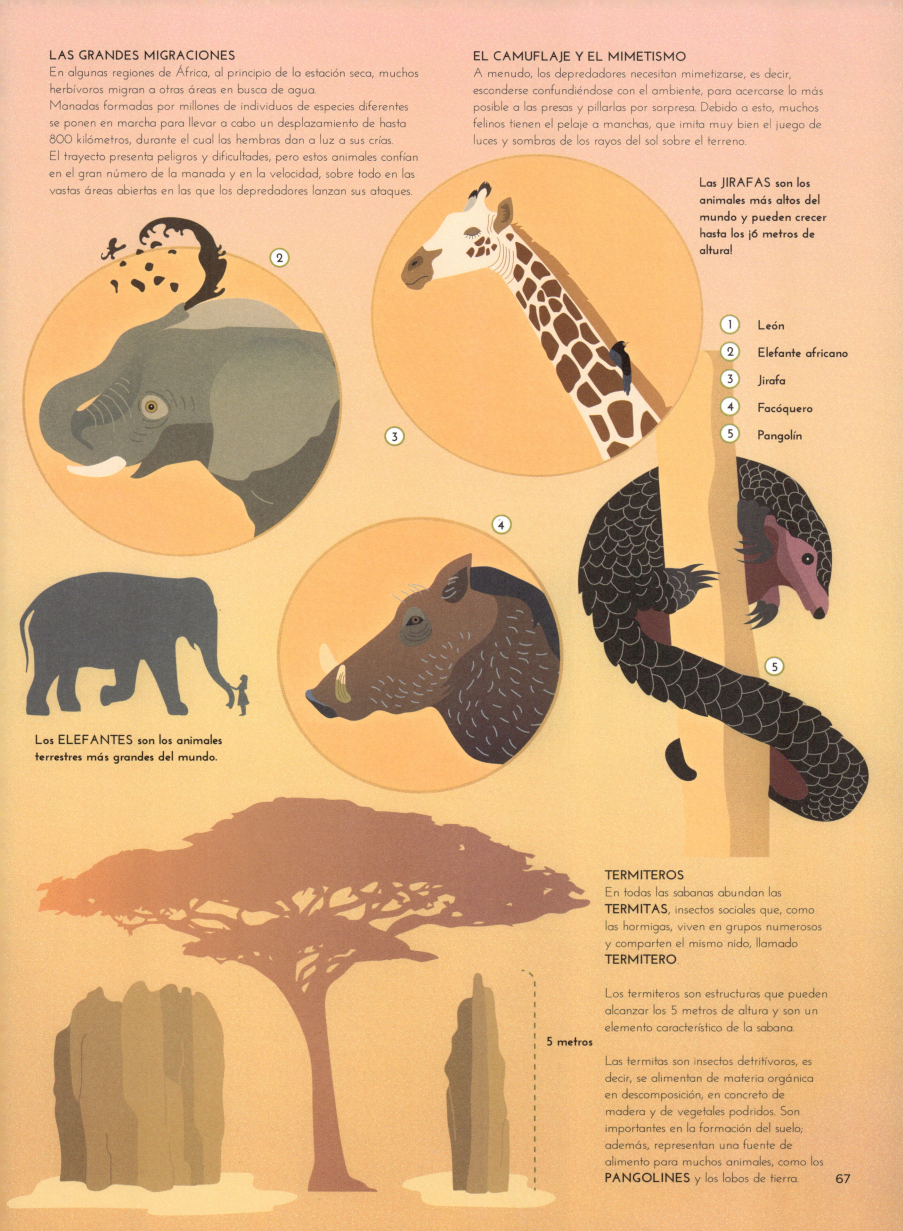

1. León
2. Elefante africano
3. Jirafa
4. Facóquero
5. Pangolín

Los **ELEFANTES** son los animales terrestres más grandes del mundo.

TERMITEROS

En todas las sabanas abundan las **TERMITAS**, insectos sociales que, como las hormigas, viven en grupos numerosos y comparten el mismo nido, llamado **TERMITERO**.

Los termiteros son estructuras que pueden alcanzar los 5 metros de altura y son un elemento característico de la sabana.

5 metros

Las termitas son insectos detritívoros, es decir, se alimentan de materia orgánica en descomposición, en concreto de madera y de vegetales podridos. Son importantes en la formación del suelo; además, representan una fuente de alimento para muchos animales, como los **PANGOLINES** y los lobos de tierra.

EL LADO OSCURO DEL MUNDO

Una cueva es un espacio natural hipogeo porque se encuentra bajo la superficie de la Tierra. La mayoría de las veces, las cuevas no se presentan como cavidades sencillas, sino que son un complicado sistema de salas conectadas entre sí por pasajes subterráneos.

El estudio científico de las cuevas y de los hábitats de su entorno se llama **ESPELEOLOGÍA**, y el espeleólogo es quien, por estudio o por pasión, las explora.

La profundidad máxima que un sistema de grutas puede alcanzar bajo tierra es de unos 3000 metros. A más profundidad, el peso de las rocas que hay arriba ejercería una presión demasiado elevada que haría colapsar la estructura.

Las cuevas se pueden formar de diferentes maneras y casi siempre en períodos de tiempo que pueden durar muchos millones de años.

LOS TIPOS MÁS COMUNES DE FORMACIÓN DE UNA CUEVA SON:

CUEVAS DE SOLUCIÓN: nacen por la acción del agua que penetra en el suelo y que, al reaccionar químicamente con el dióxido de carbono, forma un ácido que disuelve las rocas especialmente solubles, como las calcáreas.

CUEVAS DE LAVA: las forma la lava cuando se enfría y se endurece en la superficie, mientras que, por debajo, todavía caliente, continúa fluyendo y dejando tras de sí una cavidad.

CUEVAS POR EROSIÓN: derivan de la acción erosiva del viento, de las olas y de las mareas (cuevas marinas), o de los ríos que discurren dentro de una grieta de la roca.

CUEVAS GLACIALES: se forman en el interior de un glaciar por el hielo que se derrite.

El sistema de cuevas más largo del mundo es el de Mammoth Cave, en Kentucky, EE. UU.: 651,8 kilómetros.

La cueva más profunda que se conoce es la de Voronia, en Georgia: 2197 metros.

La cueva más grande del mundo es la gruta de Sarawak, en Sarawak, Malasia.

Estalactita

Helictitas

Columna

ESTALACTITAS Y ESTALAGMITAS

Las estalactitas se originan por el goteo continuo de agua rica en minerales desde el techo de las cuevas.
A medida que los minerales se depositan lentamente y se endurecen, se forman incrustaciones de forma cónica que cuelgan de la bóveda.

En cambio, cuando las gotitas de agua ricas en minerales caen al suelo, dejan depósitos minerales que crecen hacia arriba y se convierten en estalagmitas. Si se hacen muy grandes, llegan a parecer pilares.

Las estalactitas y las estalagmitas pueden llegar a juntarse y formar **COLUMNAS**.
Sin embargo, su crecimiento es muy lento: unos 2,5 centímetros cada 100 años.

Estalagmita

LA CUEVA es un ecosistema que podemos dividir en CUATRO ZONAS:

1. **ZONA DE ENTRADA:** es el sitio de paso entre el mundo exterior y el hipogeo. Hay bastante luz y la temperatura es semejante a la del exterior.

2. **ZONA CREPUSCULAR:** la luz disminuye progresivamente. Algunos vegetales, como helechos, musgos y algas, pueden crecer hasta donde los rayos de sol consiguen penetrar.

3. **ZONA DE TRANSICIÓN:** la luz no llega aquí, pero otros factores ambientales, como la temperatura y la humedad, siguen mostrando la influencia del exterior.

4. **ZONA PROFUNDA:** reina la oscuridad total, la humedad es elevada y la evaporación es baja. La temperatura se mantiene constante todo el año. La fauna que hay en esta zona ha desarrollado adaptaciones específicas para poder sobrevivir.

Las **CUEVAS** ya eran importantes durante la prehistoria, como refugio, como lugar para las sepulturas o como espacios religiosos.

Muchos **MURCIÉLAGOS** se refugian durante el día en las cuevas, de las que salen para buscar insectos y frutos. Sus excrementos sirven de alimento a los animales detritívoros, como ácaros o escarabajos, que, a su vez, tienen como depredadores a las arañas, los escorpiones y las escolopendras.

¿LA TIERRA ESTÁ EN PELIGRO?

Como has visto, nuestro planeta es único y extraordinario.
Pero el ser humano, con sus acciones, está camino de destruirlo para siempre.

EL CALENTAMIENTO GLOBAL

El dióxido de carbono (CO_2) es un gas presente de forma natural en la atmósfera y contribuye a mantener el calor en la Tierra mediante el efecto invernadero. Sin embargo, la cantidad de este y otros gases, como el metano, aumenta constantemente a causa de las actividades humanas. Esto ocasiona un sobrecalentamiento anómalo del planeta, es decir, una especie de fiebre, provocada por el hecho de que nuestra atmósfera absorbe cada vez más calor.

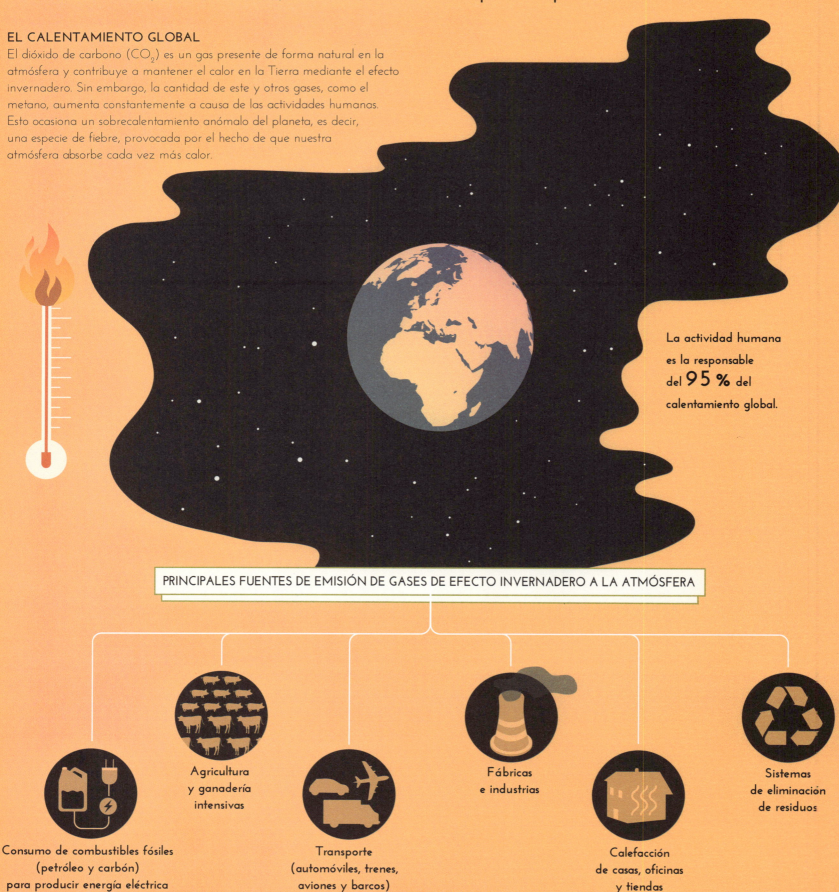

La actividad humana es la responsable del **95 %** del calentamiento global.

PRINCIPALES FUENTES DE EMISIÓN DE GASES DE EFECTO INVERNADERO A LA ATMÓSFERA

- Consumo de combustibles fósiles (petróleo y carbón) para producir energía eléctrica
- Agricultura y ganadería intensivas
- Transporte (automóviles, trenes, aviones y barcos)
- Fábricas e industrias
- Calefacción de casas, oficinas y tiendas
- Sistemas de eliminación de residuos

Este calor extra repercute no solo en la temperatura, sino también en el viento, en las corrientes marinas y en todos los fenómenos meteorológicos. Así que el calentamiento global está haciendo cambiar el clima en muchísimas regiones de la Tierra.

Además, con estas condiciones, los océanos absorben de la atmósfera cada vez más dióxido de carbono, que reacciona con el agua y forma ácido carbónico, lo que hace nuestros océanos más ácidos y perjudica gravemente a los hábitats marinos.

LA FUSIÓN DE LOS GLACIARES

Una consecuencia del calentamiento global es la fusión de los glaciares. Los casquetes polares y las cordilleras más altas, como los Alpes, los Andes o el Himalaya, están perdiendo progresivamente grandes cantidades del hielo que se había acumulado en ellos a lo largo de centenares de años.

Los glaciares de los Alpes se han reducido en un **60 %** en los últimos 150 años.

El glaciar canadiense Bridge ha decrecido 3 kilómetros entre 2004 y 2016 (12 años).

Todavía más evidente y drástico es el efecto en los casquetes polares, en particular en el Ártico: actualmente la temperatura es 3 grados más alta que hace 150 años.

En los últimos 40 años, la superficie de la banquisa polar se ha reducido en un 35 %. Piensa que se ha perdido un área tan grande como cuatro veces la península ibérica.

La fusión del hielo y de los glaciares lleva inevitablemente a un aumento del nivel de los mares y de los océanos. Si el agua sube algunos metros más, ciudades como Venecia y Miami, construidas sobre la costa o en lagunas, quedarán sumergidas.

Ártico

−35 % del hielo de la banquisa polar

En la actualidad, el incremento del nivel del mar es de aproximadamente 3,4 milímetros al año y se estima que ya ha subido 20 centímetros en el último siglo. Hacia el año 2100 el nivel podría aumentar entre 60 y 90 centímetros.

+20 centímetros

LA DEFORESTACIÓN

Un planeta cada vez menos verde

Los bosques están desapareciendo a una velocidad alarmante: ¡se ha calculado que cada minuto desaparece una cantidad equivalente a 40 campos de fútbol!

La **DEFORESTACIÓN** puede tener varias causas: incendios, talas para crear campos, pastos o construcciones, o una explotación excesiva para obtener madera, pero también la degradación causada por el cambio climático.

Los bosques son el hábitat de muchísimas especies de animales y plantas que, privados de su hogar, van desapareciendo.

Los bosques son extremadamente importantes, entre otras cosas, porque los árboles absorben el dióxido de carbono y, así, atenúan el efecto invernadero. Se estima que el 15 % de todas las emisiones de gases de efecto invernadero se deben a la deforestación.

Las plantas, que sujetan el terreno con sus raíces, protegen también el suelo, porque limitan su erosión y reducen el riesgo de desprendimientos, sobre todo después de fuertes lluvias.

CAUSAS DE LA DEFORESTACIÓN EN LAS ZONAS TEMPLADAS

Agricultura intensiva

Ganadería intensiva

Calentamiento global

LA DESERTIFICACIÓN
Cada vez menos agua

La desertificación es un fenómeno natural que provoca la transformación de las zonas áridas o semiáridas del planeta en desiertos.
Sin embargo, el calentamiento global está acelerando el proceso.

Últimamente, la desertificación se está produciendo también en las zonas templadas. La agricultura intensiva y el pastoreo excesivo explotan el suelo con demasiada intensidad y no le dejan tiempo para regenerarse. El suelo, con los nutrientes agotados, acaba siendo improductivo.

ATAQUE A LA BIODIVERSIDAD

Un mundo que cambia demasiado deprisa pone en riesgo a los organismos vivos que habitan en él. Los científicos han lanzado el grito de alarma muchas veces: en pocas décadas se podrían extinguir, es decir, desaparecer para siempre, ¡el 75 % de las especies actuales de seres vivos!

Esto reduciría muchísimo la biodiversidad, la increíble variedad de seres vivos que viven en la Tierra y que dependen los unos de los otros para sobrevivir.

Aunque la **EXTINCIÓN** es un fenómeno natural que ha existido siempre, ya es evidente que los seres humanos hemos acelerado el proceso.

Actualmente, las extinciones son cada vez más consecuencia del cambio climático, de la contaminación, de la caza furtiva, de la pesca excesiva y de la destrucción de los hábitats por parte del hombre y sus actividades.

Giulia De Amicis

Después de cursar un máster en Diseño de Comunicación en 2012, Giulia empezó a trabajar como diseñadora visual e ilustradora. Su trabajo consiste, principalmente, en presentar visualmente la información en periódicos, revistas y asociaciones del sector ambiental, con un especial interés por la ecología marina, la geografía y los derechos humanos. En los últimos años ha ilustrado diversos libros para White Star Kids.

Cristina Banfi

Graduada en Ciencias Naturales por la Università degli Studi de Milán, se dedica desde hace más de 20 años a la comunicación científica y a la didáctica lúdica, y cuenta con experiencia editorial en el ámbito educativo y divulgativo, en concreto para un público infantil y juvenil. En los últimos años ha publicado diversos libros en White Star.

Reservados todos los derechos.
Cualquier forma de reproducción, distribución, comunicación pública o transformación de esta obra solo puede ser realizada con la autorización de sus titulares, salvo excepción prevista por la ley. Diríjase a CEDRO (Centro Español de Derechos Reprográficos) si necesita fotocopiar o escanear algún fragmento de esta obra (www.conlicencia.com; 917 021 970 / 932 720 447).

Título original: *La Terra. Il nostro pianeta spiegato in un colpo d'occhio*
© White Star s.r.l., 2021
   Piazzale Luigi Cadorna, 6
   20123 Milán, Italia
   www.whitestar.it
WS White Star Kids® es una marca registrada propiedad de White Star s.r.l.
© Traducción: Pau Sanchis Ferrer, 2022
© Algar Editorial
   Apartado de correos 225 – 46600 Alzira
   www.algareditorial.com
Impresión: Anman

1.ª edición: marzo, 2022
ISBN: 978-84-9142-564-9
DL: V-163-2022